일잘러의 **말센스**

일 잘러의

말 한마디로 상대를 내 편으로 만드는

말 " 센스

오카무라 나오코 지음 | 김남미 옮김

카시오페아
Cassiopeia

원하는 것을 얻는
단 하나의 방법

혹시 이런 고민한 적 있나요?

o 초면인 사람과 공통점을 찾지 못해 대화를 시작
  하지 못한다.
o 침묵이 생기지 않도록 자신을 다그친다.
o 의견을 주장하고 싶어서 상대방의 말에 귀 기울
  이지 못한다.
o 자신의 표정이나 리액션이 신경 쓰여 아무 말도
  하지 못한다.

o 여러 사람과 이야기하고 온 날이면 지나치게 피
  곤하다.
o 사람이 많으면 대화에 끼지 못한다.
o 오랫동안 자기 자랑이나 지루한 이야기를 들을
  때가 많다.
o 업무에서 듣고 싶은 정보를 상대방이 좀처럼 말
  해주지 않는다.

이 중에서 하나라도 해당하는 분은 주목해주세요. 우리
는 대개 대화를 할 때 '얼마나 말을 잘하는가?', '재미있는
이야기로 분위기를 띄울 수 있는가?'를 신경 씁니다. 대화
를 원활하게 이어가는 데 필수적인 요소이니까요. 실제로
이러한 대화를 하는 사람이 사교적이고 대화를 잘하는 사
람으로 평가받습니다. 반면 그렇지 못한 사람은 스스로 의
사소통 능력이 부족하다 여기며 자신감을 잃습니다.

대화에는 반드시 '말하는 사람'과 '듣는 사람'이 존재합니
다. '말하는' 쪽이 되면 보통 '대화 주제 찾기', '대화 주제 재
미있게 꺼내기', '상대방의 반응 살피기', '반응에 따라 주제
바꾸기' 등을 생각하며 대화를 이어나가려고 합니다. 하지

만 이 과정을 수행하는 것은 쉽지 않은 일입니다.

저 역시도 그랬습니다. 저는 프리랜서 작가로서 지금껏 기업 경영자와 인사 담당자, 대학 교수, 연구원, 사원, 상품 이용자 등 다양한 특성과 사고방식을 지닌 사람들의 이야기에 귀 기울여왔습니다. 지금은 '말하기'와 '듣기'를 업으로 삼고 있지만, 예전에는 분위기를 읽는 것이 서툴러 대화에 어려움을 느끼곤 했습니다. 이를 극복하고자 수많은 화술서를 읽었지만 제대로 활용할 수 없었습니다. '자주 끄덕이기', '정면에 앉지 않기', '상대방의 말 따라 하기'와 같은 대화 기술은 사용할 타이밍과 표현 방법을 생각해야 해서 오히려 대화가 부담스러워지고 태도 역시 어색해졌기 때문입니다.

기존에 널리 알려진 대화 기술

○ 상대방과의 '공통점'에서 대화 주제를 찾는다.

○ '고개 끄덕이기', '눈 마주치기'와 같은 비언어 소통을 자주 사용한다.

○ 표정과 태도를 보고 상대방의 기분을 읽는다.

○ 오픈 퀘스천과 클로즈 퀘스천을 구분해서 사용한다.

○ 맞장구를 치거나 상대방의 말을 따라 하며 경청
한다.

○ '나도 그렇게 생각했다', '그 마음을 이해한다'고
오로지 상대방의 의견만 맞춘다.

말을 유창하게 못하지만 상대방의 반응이나 침묵에 신
경 쓰지 않고 자연스럽게 대화를 즐기고 싶나요? 이 책에
서 소개하는 '3층 피라미드 듣기 대화법'이라면 누구나 어
렵지 않게 실천할 수 있습니다. 상대방을 관찰하거나 분석
할 필요가 없습니다. 많은 이야기를 생각하고 힘들게 꺼내
놓지 않아도 됩니다. 그저 상대방이 말하는 내용에만 집중하
면 됩니다. 듣기 90퍼센트, 말하기 10퍼센트 방법이면 누구든
스스로에게 부담을 주지 않는 선에서 즐거운 대화를 나눌 수 있
습니다.

저는 평소 이 책에서 소개하는 3층 피라미드 듣기 대화
법을 토대로 인터뷰를 진행합니다. 일할 때뿐 아니라 친구
나 친척, 교류회나 공부 모임 등에서 처음 만나는 사람과도
이 듣기 대화법을 이용합니다. 그만큼 활용도가 높고 일단
익혀두면 매우 편리합니다. 구체적인 사례와 함께 그 방법

을 자세히 설명하는 이 책을 통해 다음과 같은 변화를 경험해보세요.

> 3층 피라미드 듣기 대화법으로 얻을 수 있는 변화
> ○ 처음 보는 사람과도 애쓰지 않고 대화할 수 있다.
> ○ 누구와도 허물없이 마음을 터놓을 수 있다.
> ○ 그동안 지루했던 대화도 즐길 수 있다.
> ○ 자연스럽게 대화가 이어지기 시작한다.

자신을 거짓으로 꾸미거나 연기하지 않아도 '정말 궁금한데 한번 물어봐야지', '다른 사람의 이야기를 듣는 게 이렇게 재미있을 줄이야!'라고 저절로 생각하게 될 것입니다. 실제로 10년 전부터 개최한 '듣기 세미나'에서 이 방법을 소개해왔는데, 감사하게도 수강 후 많은 분들이 다음과 같은 말을 남겼습니다.

> ○ 접객업을 하는데 대하기 어려운 고객과도 대화하게 되었다.
> ○ 상사나 동료와 대화할 때 긴장하지 않게 되었다.

○ 모르는 사람과의 대화가 즐거워졌다.

가장 놀라웠던 점은 "외국인과 대화할 때도 활용할 수 있었다"는 것이었습니다. 이 말은 즉, 소통에 필요한 기본 바탕부터 만드는 방법이기 때문에 말하는 언어에 상관없이 사용할 수 있다는 뜻이기도 합니다.

'그래도 실제로 따라 해보면 어려운 거 아니야?'라고 생각할지도 모르겠습니다. 하지만 걱정하지 마세요! 이 책은 직장인을 대상으로 하지만, 처음 보는 사람에게 말을 잘 못 거는 사람, 침묵을 견디는 일이 어려운 사람, 사람이 많으면 대화에 끼지 못하는 사람 등 모두에게 도움이 되는 책입니다.

특히 다양한 대화 기술을 익혀도 별다른 효과를 보지 못했다면 이 책에서 소개한 방법들을 꼭 시도해보세요. 듣기 대화법만으로 여러분에게 이득이 되는 사람과 정보 모두를 얻을 수 있게 될 것입니다.

차 례

1부 | STEP 1 일잘러의 말센스는 무엇이 다른가?

1장 프로는 '듣기'부터 한다

2장 대화의 공식을 깬 일잘러의 말센스

2부 | STEP 2 일과 관계가 술술 풀리는 가장 심플한 대화 공식

3장 서로가 스트레스받지 않는 대화 요령

4장 말이 트이는 대화 계기 만들기

3부 | STEP 3 대화의 주도권을 잡는 상황별 말하기 기술

1부

STEP 1

일잘러의 말센스는
무엇이 다른가?

1장

⦂ 프로는 '듣기'부터 한다

▶ 열심히 말을 해야만 대화가 이어진다고 믿는 사람이 많습니다. 하지만 사실 듣기 90퍼센트, 말하기 10퍼센트만으로도 대화는 이뤄집니다. 어떻게 이것이 가능할까요? 이 장에서는 그 이유와 '잘 듣는 사람'의 특징에 대해 살펴보겠습니다.

마음의 문을 여는
'잘 듣기'의 기술

무리하지 않고 사람과 정보 모두를 얻을 수 있다

의사소통 능력이 뛰어난 사람, 대화를 잘하는 사람이라고 하면 어떤 사람이 떠오르나요? 대부분은 '말주변이 좋은 사람'을 떠올릴 것입니다. 즉, 누구와도 밝게 어울리며 상황이나 상대방에게 맞는 재미있는 일화를 술술 풀어내는 사람, 상대방이 좋아할 만한 이야기를 적극적으로 꺼내놓는 사람 말입니다.

그런데 사실 말주변이 좋은 사람만 높이 평가받는 것은 아닙니다. 대화에서 말수가 훨씬 적은 '잘 듣는 사람'도 좋은 평가를 얻을 수 있어요. 예를 들어 학교나 직장에서 고민 상담을 하려고 할 때 여러분은 '잘 말하는 사람'과 '잘 듣는 사람' 중 어떤 사람을 선택하고 싶나요? 아마 자기 의견이나 일화를 주저리주저리 늘어놓는 사람보다는 우선 내 이야기를 듣고 받아주는 사람을 선택할 것입니다.

이야기를 잘 들어주는 사람은 마음을 쉽게 여는 사람이기도 합니다. 대화를 할 때마다 상대방의 마음의 문을 열기 위해 애쓰지 않아도 상대방으로부터 '신뢰가 가고 말하기 편한 사람'으로 인식돼 대화를 나누기까지의 문턱을 낮출 수 있습니다.

또 잘 듣는 사람은 대화에서 무리하지 않고 자연스럽게 대응하기 때문에 분위기를 편하게 만들어 결과적으로 원만한 인간관계를 형성할 수 있습니다. 많이 들을수록 대화에서 다양한 정보를 얻어 좋은 평가를 받기도 합니다. 대화에서 자신이 가지고 있지 않았던 새로운 정보나 사고방식을 얻음으로써 활용할 수 있는 기회를 만들 수 있기 때문입니다.

잘 듣는 사람의 대화를 녹음해보면 상대방의 말수는 80~90퍼센트, 잘 듣는 사람의 말수는 10~20퍼센트 정도입니다. 그럼에도 상대방은 마음 편히 대화한 보람을 여실히 느낍니다. 잘 듣는 사람도 부드러운 분위기를 형성하며 새로운 정보를 얻습니다. 그러므로 말주변이 좋은 사람만이 대화의 주역은 아닙니다.

'잘 듣는 사람'과 '듣는 역할'은 어떻게 다를까?

◖‥ 잘 듣는 사람은 듣기 90, 말하기 10을 실천한다

　'잘 듣는 사람'과 단순히 '듣는 역할'은 얼핏 비슷하게 느껴지지만, 이 둘은 매우 다릅니다. 여기서 말하는 '듣는 역할'은 마침 그곳에 있어서 이야기를 듣는 사람일 뿐입니다. 화자가 발언한 내용을 귀로 듣고 이해하며 말하는 틈틈이 맞장구를 치기도 합니다. 하지만 그뿐입니다.

　만약 여러분이 화자일 때 이와 같은 '듣는 역할'이 눈앞에 있다면 기분이 어떨까요? '듣는 역할'은 웃는 얼굴로 나를 바라봅니다. 고개를 끄덕이고, 이야기에 맞춰 맞장구도 쳐주겠죠. 하지만 이야기가 확실히 전달된다거나, 그 사람

과 교류한다는 느낌은 거의 들지 않을 것입니다. 그러다 보면 말하기 어려워지고, 어쩌면 마음에 드는 인형을 앞에 두고 이야기하는 편이 더 마음 편할지도 모르겠단 생각이 들 수도 있습니다.

이 책에서 강조하는 '잘 듣는 사람'은 '듣는 역할'과는 다릅니다. 말하는 사람에게 '이야기가 제대로 전달되고 있구나', '○○는 이렇게 이해했구나'라는 느낌을 확실하게 전달하는 사람이 바로 '잘 듣는 사람'입니다. 잘 듣고 싶어도 마음처럼 잘 되지 않는다면, 아마도 '듣는 역할'에서 '잘 듣는 사람'으로 아직 성장하지 못했기 때문일 것입니다.

'듣는 역할'에서 '잘 듣는 사람'이 되기 위해서는 많은 말을 하지 않아도 됩니다. 상대방을 받아들이는 듣기 90퍼센트와 질문이나 맞장구가 포함된 말하기 10퍼센트면 충분합니다.

매력적인 질문은
듣기에서 나온다

💬·· 질문으로 자신의 의견을 전달하자

　말하기 좋아하는 사람은 곧잘 "이야기를 듣고만 있으면 손해 보는 느낌이다", 말주변이 없는 사람은 "재미있는 이야기를 해야 할 것만 같다"라고 말합니다. 이러한 의문이 있는 상태라면 '잘 듣는 사람'에게 집중하기 어렵습니다. '잘 듣는 사람'처럼 행동할 수는 있지만, 이것이 이득보다 손해라고 느껴지면 기분이 내키지 않는 것이 당연합니다.

　하지만 신기하게도 잘 듣는 사람은 전체 대화에서 10퍼센트만 말하더라도 자신의 생각과 태도를 상대방에게 충분히 전달할 수 있습니다. 가령 10퍼센트의 발언 대부분이 '질문'이고 듣는 사람이 자신의 이야기나 일화는 전혀 말하지 않더라도 말입니다. 왜냐하면 이미 '질문' 속에 듣는 사람의 시각이 충분히 포함돼 있기 때문입니다.

예를 들어 새 옷을 입고 온 A를 보고 친구가 질문하는 장면을 상상해봅시다. B가 "어디 것 샀어?"라고 묻는다면, B는 브랜드를 신경 쓰는 사람이고 가장 중요하게 여기기 때문에 제일 먼저 질문했다고 생각할 수 있습니다. C가 "얼마였어?"라고 묻는다면 C에게는 옷의 가격이 매우 중요하고 항상 옷을 싸게 사는 것을 중요시한다고 볼 수 있습니다. D가 "평소와 다른 스타일이네?"라고 묻는다면 D는 매일 친구의 옷차림을 세심히 살피는 사람일 것입니다.

똑같은 정보가 주어지더라도 사람마다 연상하는 것이 다르고 나오는 질문도 다릅니다. 그 차이가 개성을 전달하고 듣는 사람의 관점까지 전달합니다.

말을 많이 했다고 해서 자신의 정보가 상대방에게 많이 전달되는 것은 아닙니다. 오히려 '말하기'라는 낯선 영역에서 애쓴다는 긴장감이 전달돼 분위기마저 위축시킬 수 있습니다. 이러한 위험을 감수하기보다는 '잘 듣는 사람'으로서 질문자로 일관하며 대화에 참여하는 편이 안전합니다.

일잘러의 말센스

단 하나의 질문으로도 '나는 당신의 정보를 이렇게 파악했고, 이러한 점에 의문을 느껴서 묻는다'라는 의도를 전달할 수 있습니다. 누가 하는 '질문'이든 그 바탕에는 수십 년 동안 쌓아온 듣는 사람의 경험과 배경, 사물을 보는 관점과 사고방식이 담겨 있습니다. '질문'만으로도 자기 자신이 자연스럽게 표현되며 아무리 꾸며내도 반드시 상대방에게 전해집니다.

개성은 도저히 숨길 수 없는 것이라서 짧은 말에도 묻어나기 마련입니다. 따라서 억지로 '이야기를 만들어서라도 해야 하지 않을까?'라며 불안해하지 마세요. 말하기에 서툰 사람일수록 화자의 이야기를 듣고 '질문'을 짧게 돌려주는 데 초점을 맞추세요.

대화가 계속되고 듣는 사람의 '질문'이 여러 번 거듭되면 듣는 사람의 인상은 더욱 명확해집니다. 상대방은 자신의 이야기를 하는 동안 듣는 사람인 당신의 의견도 자연스럽게 받아들이게 됩니다.

어떤 성격이라도
잘 듣는 사람이 될 수 있다

◖·· 경청했던 시간을 재현하자

대화에서 '짧은 말이라도 괜찮다', '말을 10퍼센트만 해도 괜찮다'고 생각한다면 누구든 '잘 듣는 사람'이라는 목표에 바짝 다가설 수 있습니다. 그런데 외향적인 성격의 사람은 남들과 이야기하는 것을 너무 좋아하는 나머지 잘 듣는 사람에게서 멀어지기도 합니다.

예전의 제가 이런 유형이었습니다. 졸업 후 광고 영업을 할 때였습니다. 주장하기를 좋아하던 저는 고객을 만날 때마다 '광고를 하면 이런 점이 좋습니다', '이런 식의 광고가 가능합니다'라고 몰아붙이는 영업 방식을 주로 선보였습니다. 상대방의 이야기를 들으러 간 사실도 그만 잊고 혼자 떠들다 돌아오기 일쑤였죠. 선후배들의 모습을 보면 확실히 잘 듣는 사람이 영업도 잘했습니다. 머리로는 그것을 이해하면서도, 무엇이든 주장하기 좋아하는 성격으로는 스스로 무리라며 포기했습니다.

내향적인 성격의 사람은 반면 대화를 두려워하는 나머지 아무 말도 하지 못해 완벽하게 '잘 듣는 사람'에 이르지 못합니다. '이런 말을 하면 상대방이 불쾌해하지 않을까?', '이렇게 쉬운 것도 모르냐며 화내지 않을까?'라는 부정적인 상상을 펼치기 때문입니다. 10퍼센트라도 좋으니 무슨 말이든 하는 편이 좋다는 것을 알면서도 무슨 말을 해야 할지 몰라 입을 다물고 맙니다. 대화를 잘 못 하는 자신은 '잘 듣는 사람'이 될 수 없다고 그만 포기하는 것이죠.

'잘 듣는 사람'이라고 하면 보통 성격이 온화하고 다툼을 싫어하며, 마음이 넓어 어떤 이야기든 싫은 내색 없이 받아주는 부처처럼 관용적인 사람의 이미지를 떠올립니다. 이른바 인격자가 아니면 '잘 듣는 사람'이 되지 못한다고 생각합니다. 하지만 저는 어느 날 한 가지를 깨닫게 되었습니다. '인격자가 아니라도 잘 듣는 사람은 존재하지 않을까?', '의

외로 많은 사람들이 이미 잘 듣기 과정을 경험하지 않았을
까?'라고 말입니다.

가령 A와 B가 있을 때, A와 B의 이야기를 똑같이 재미
있게 느끼는 경우는 많지 않습니다. 사람마다 반드시 취향
이 존재하고 A와 B에 대한 인상에도 차이가 있기 때문입
니다. C에게 A의 이야기는 지루합니다. 아무리 들어도 흥
미가 생기지 않습니다. 하지만 B의 이야기는 재미있습니다.
늘 넋을 놓고 이야기에 빠져듭니다. 즉, C는 B의 이야기를
듣는 동안에는 완벽히 '잘 듣는 사람'을 실천합니다. 결국
'잘 듣는 사람'은 하나의 인격자를 나타내는 것이 아니라 누구나
잘 듣는 시간과 그렇지 못한 시간만이 있을 뿐입니다.

자꾸만 나서서 말을 끊는 사람이든, 대화가 두려워서 뒤
로 숨는 사람이든, 잘 통하는 사람은 있기 마련이고 호감
이 가는 사람의 말이라면 듣게 됩니다. 예를 들어 자신이
존경하는 선배가 업무 방식에 대해 이야기하면 흥미를 느
낄 것입니다. 더 듣고 싶고 더 알고 싶다고 생각하겠죠. 더
불어 좋아하는 연예인이나 배우의 이야기가 나와도 더 듣
고 싶고, 새로운 정보가 있다면 알고 싶어서 귀를 기울일
것입니다.

이처럼 듣는 사람의 성격이 외향적이든 내향적이든 자신에게 도움이 되는 정보가 있으면 대화에 참여하고 싶어집니다. 이때는 대부분의 사람이 '잘 듣는 사람'을 실천합니다. 듣는 사람이 경청하면 대화는 활기를 띠게 됩니다. 화자의 이야기를 듣는 동안 듣는 사람의 마음속에는 새로운 의문과 자세히 알고 싶은 점이 자꾸자꾸 생겨납니다. 듣는 사람의 질문과 화자가 하고 싶은 말이 일치하고 대화는 더욱더 앞으로 나아갑니다. 서로 듣고 싶은 말과 하고 싶은 말이 넘치면 시간은 순식간에 흐릅니다. 듣는 사람은 말을 10퍼센트만 하더라도 다양한 이야기를 들었다는 보람을 느끼고, 말하는 사람도 많은 이야기를 했다는 만족감을 느낍니다. 이것이 바로 잘 듣는 사람의 대화입니다.

여러분도 지금까지의 경험을 뒤돌아보세요. 상대방의 이야기에 귀 기울였던 장면이 하나라도 떠오른다면 이미 잘 듣는 방법을 경험한 것입니다. 머리와 몸은 그것을 기억하고 있습니다. 그러므로 이미 경험한 경청의 시간이 생겨난 조건과 심리 상태를 되짚어보면 충분히 재현할 수 있습니다. 이것이 저의 가설이자, 직접 경험해보고 성공을 실감했던 방법입니다. 여러분도 꼭 실천해보세요.

2장

**: 대화의 공식을 깬
일잘러의 말센스**

▶ 지금껏 다양한 대화법에 도전해봤지만 만족스럽지 못했나요? 이 장을 통해 대화의 상식으로 여겨지던 부분에 대해 다시 알아보고, 무리하지 않고 대화를 즐기기 위한 기본을 새롭게 설정해봅시다. 부담스럽기만 하던 대화의 고정 관념에서 벗어나 상대방에게 더욱 집중할 수 있는 방법을 소개하겠습니다.

자신이 먼저
즐거워야 한다

◖‥ 기술만으로는 상대방의 마음을 열지 못한다

어떻게 하면 잘 들을 수 있을까요?

제가 전하고자 하는 '듣기 대화법'은 다음과 같이 3층 피라미드 구조로 이뤄져 있습니다. 1층인 토대를 단단히 다진 후 2층을 올리고, 2층이 굳으면 3층을 올리는 구조가 피라미드와 똑 닮았습니다.

기존 화술책에서 말하는 '자주 끄덕이기', '정면에 앉지 않기', '상대방의 말 따라 하기'와 같은 대화 기술은 사실 2층에 해당하는 요소입니다. 이 기술들은 말하는 상대가 기분 좋게 말할 수 있도록 돕습니다.

대화를 술술 이어지게 만드는 3층 피라미드 듣기 대화법

1층은 자신의 기분 갖추기, 2층은 상대방이 기분 좋게 말하는 기술, 3층은 정보를 얻기 위한 요령이다. 2층과 3층만으로는 대화를 술술 이어나갈 수 없다.

2층까지 실현한 후 쌓아 올리는 3층은 취재나 청문회처럼 '듣는 목적'이 있는 대화입니다. 대화를 즐기면서도 상대방에게서 필요한 정보를 얻어내야 하기 때문에 가장 난도가 높은 대화입니다.

이미 잘 알려진 2층과 3층 아래에는 이를 지탱하는 '자신이 기분 좋게 듣기'라는 1층이 존재합니다. 이 사실을 잊고 2층의 기술부터 들어가면 '잘 듣기'를 실천하기 어렵습니다. 앞에서 예로 든 '존경하는 선배의 이야기라면 듣는다', '좋아하는 연예인의 이야기라면 듣는다'를 떠올리면 이해하기 쉽겠죠. 무의식중에도 경청하게 되는 이유는 스스로 알고 싶고 듣고 싶다는 욕구가 있기 때문입니다. 자신이 적극적으로 정보를 얻거나 자세히 듣고자 질문하기 때문에 '잘 듣는 사람'이 될 수 있었던 것입니다.

능동적으로 관심을 가지고 기분 좋게 듣는 상태에 이르면 누구나 자연스럽게 대화에 빠져들어 적극적으로 나서게 됩니다. 관심이 있으면 이야기에 등장하는 화제나 인물에 재미를 느끼고 자기 안의 '알고 싶은 마음'이 자꾸만 질문을 만들어냅니다. 즉, 대화에서 기술보다는 자신이 듣고 싶은지 아닌지가 더 중요하다는 얘기입니다.

반대의 경우인 기분 좋게 듣지 못하는 상황을 상상해보면 1층의 소중함을 알게 됩니다. 자랑하는 소리가 지겨워 '빨리 끝났으면 좋겠다'라고 생각하거나 자신과 의견이 다르면 귀를 막고 싶어지는 이유는 기분 좋게 듣지 못하는 상태이기 때문입니다. 이러한 심리가 이어지면 대화를 더 이상 이어나갈 수 없게 됩니다. 이야기를 들을 마음이나 자세가 되어 있지 않기 때문입니다. 그 모습을 본 상대방도 '들을 마음이 없구나', '이 사람 재미없어. 지루해'라고 생각하고 말을 멈출 테죠.

누구든 재미있는 척만 하거나 관심을 보이지 않는 상대와는 대화하기 싫지 않을까요? 그런 사람에게는 중요한 정보도 생각도 건네지 않겠죠. 듣는 사람에게 '기분 좋게 듣기'라는 1층이 없다면 그 위에 무엇을 쌓아 올리더라도 말하는 사람에게는 아무 의미가 없습니다. 이는 말하는 입장이 되어보면 절실히 느낄 수 있습니다.

제가 손톱에 네일아트를 했을 때 명함을 교환하면서 손톱을 보고 화제로 삼는 사람이 많았습니다. 다들 "손톱이 예쁘네요"라고 칭찬해줬고, 저는 "감사합니다"라고 웃는 얼굴로 답했습니다. 네일아트를 받아본 사람이라면 알겠지만 네일아트에 정말 관심이 있는 사람이라면 궁금한 점이 자꾸만 생겨납니다. 예컨대 직접 했는지, 네일 아티스트에게 맡겼는지, 그러면 어디에서 했는지, 비용은 얼마가 들었는지, 업무 자리에서 고객의 반응은 어땠는지 등등 궁금증이 끝이 없습니다.

하지만 정말 관심이 있는 사람이 아니라면 대화는 "손톱이 예쁘네요", "감사합니다"에서 끝나버립니다. 듣는 사람에게 네일 아트에 대한 관심이나 의문이 없기 때문입니다. 간혹 칭찬 기술을 구사했다고 생각한 사람은 그다음 대화를 이어나가기 바라며 웃는 얼굴로 저를 바라보기도 합니다. 하지만 저는 그쯤에서 손톱 이야기를 끝냅니다. 관심 없는 이야기를 계속해봤자 상대방만 곤란할 것이 뻔히 보이기 때문입니다. 듣는 사람이 이야기를 진심으로 듣는지 아닌지는 분명히 전달됩니다. 이처럼 기분 좋게 듣지 못하는 상태임을 눈치채면 상대방을 배려해 이야기를 끝내는 것도 좋은 방법입니다.

사람은 상대방이 자신에게 충분히 관심이 있다고 느낄 때 말하고 싶어집니다. 듣는 사람에게 알고 싶다는 마음이 있으면 기분 좋게 이야기를 들을 수 있습니다. 그 마음이 전해지면 말하는 사람도 의욕적으로 더 말하게 됩니다. 그러므로 대화에 활기를 더하려면 먼저 듣는 사람이 기분 좋게 듣는 1층이 반드시 필요합니다.

상대의 말을 전부
이해할 필요는 없다

◖•• 이해하지 않고 '아는 것'만으로 충분하다

좀처럼 잘 듣지 못하는 사람들의 이야기를 들어보면 크게 오해하고 있다고 생각되는 점이 눈에 띕니다. 바로 잘 듣는 사람은 '상대방의 이야기를 전부 이해하고 받아줘야 한다', '잘 듣는 사람은 그런 사람이어야 한다'는 고정 관념입니다.

예를 들어 A와 B가 선거 후보자 ①과 ②에 대해 이야기를 나누고 있다고 해봅시다. A는 ①을 지지하고 B는 ②를 지지합니다. A는 ①의 능력이 얼마나 뛰어난지, 당선되면 어떤 이점이 있는지 등 여러 장점을 늘어놓습니다. 듣고 있는 B는 ①을 좋아하지 않습니다. 오히려 ②가 당선되기를 바랍니다. 만일 여기서 B가 B 나름대로 잘 듣는 사람이 되려고 한다면 A만큼 ①의 장점을 공감하고 이해하려고 할 것입니다. 잘 듣는 사람은 상대방의 모든 것을 이해하고 받아들이는 역할이라고 생각하기 때문입니다.

B가 "①은 대단하네요", "저도 좋아합니다", "저도 ①의 활약을 기대합니다"라고 칭송하는 맞장구만 친다면 A는 B도 ①을 지지한다고 오해할 것입니다. 확실히 대화는 이어질 테고 A는 기뻐하겠죠. 하지만 B의 정신은 너덜너덜해집니다. A의 이야기에 맞춰주느라 줄곧 자신에게 거짓말을 한 셈이기 때문입니다.

이것은 잘 듣는 사람의 대화가 아닙니다. 이대로라면 B에게 대화는 고통이 됩니다. 다른 의견을 마주할 때마다 자신의 의견은 억눌러야 하기 때문입니다. 이 고통을 없애려면 상대방에게 칭찬만 쏟아내는 상황을 바꿔야 합니다. A에게 전부 맞춰야 한다는 생각에서 벗어나야 합니다.

가장 빠른 해결책은 B가 A의 생각을 이해하지 않는 것입니다. 다만 '이해하지 않는 것'과 '상대방을 부정하는 것'은 다릅니다. A가 좋아하고 지지하는 ①의 매력에 대해 B가 똑같은 수준까지 좋아하지 않아도 된다는 뜻입니다. 상대방의 의견은 존중하되 객관적으로 바라보는 것입니다.

B에게는 B가 지지하는 대상과 취향이 있습니다. 그것을 상대방에게 맞춰 바꾸지 않아도 됩니다. A가 ①을 지지한다면 A만큼 ①의 매력을 이해하는 대신 이러한 의견도 있다고 '아는 것'만으로 충분합니다. 기존에는 잘 듣는 사람이라고 하면 상대방과 차이를 느낄 때 듣는 사람이 그 간격을 메워야 한다고 생각했고, 이 메우는 행위야말로 잘 듣는 것이라고 여겼습니다. 하지만 사실 이러한 '이해'는 필요하지 않습니다. 자신의 생각과 의견을 그대로 유지하며 잘 듣는 사람만이 서로 기분 좋게 대화할 수 있습니다.

꼭 공통점을 찾아
대화해야 할까?

◖·· 공통되지 않은 영역만 물어봐도 충분하다

대화를 답답하게 만드는 또 다른 원인에는 '공통점 찾기'
가 있습니다. 누군가와 활발하게 대화하기 위해 '상대방과
의 공통점을 찾아 화제로 삼는다'라는 방법은 잘 알려져
있습니다. 공통점을 찾아 대화를 이어나가며 분위기를 끌
어올리는 수법입니다. 하지만 시도해보면 곧바로 벽에 부딪
히는 것을 느낍니다.

어느 행사의 친목 자리에서 옆에 앉은 A와 대화하는 상
황을 가정해봅시다. 대화를 위한 공통점을 어디서 찾으면
될까요?

'같은 행사에 참석했으니까 혹시 관심사가 비슷할지도 몰라.'

'나이로 보면 A도 아마 직장이 있겠지.'

'여기에 온 것을 보면 그리 멀지 않은 곳에 살 거야.'

단번에 알 수 있는 점은 이 정도입니다. 무난한 공통점이라고 생각해서 "오늘 어디에서 오셨어요?"라고 묻자 상대방이 "규슈에서 왔어요"라고 대답합니다. 공통점이 있으면 대화를 이어가려고 했지만 규슈에 관해서는 잘 알지 못하는 탓에 "그래요…" 하고 시선을 돌립니다. 머릿속으로 열심히 질문을 찾아보지만 규슈에 대한 정보가 아예 없기 때문에 대화가 멈춰버립니다. 결국 대화는 물 건너가게 됩니다. 여러분도 비슷한 경험이 많으리라 생각합니다.

그렇다면 왜 공통점을 찾을까요? 바로 '공통된 영역에서만 대화가 이뤄진다'는 믿음 때문입니다. 그래서 대화에서 차이가 발견되면 메워야 한다는 의식이 작용해 대부분의 경우 듣는 사람에게 부담이 가해집니다. 앞의 선거 후보자 ①, ②의 예시에서 B의 태도가 딱 그렇습니다.

하지만 실제로 사람과 사람 사이의 관계를 생각해보면

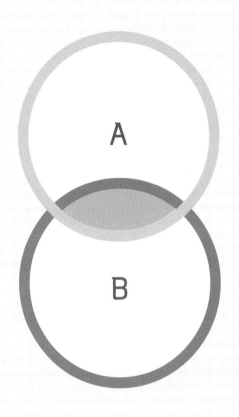

 ## A와 B의 공통 영역

A와 B는 별개의 사람으로 지금까지의 경험과 사고방식이 다르다. 그 안에서 공통점을 찾는다면 좁은 회색 영역 내에서만 찾을 수 있다.

공통점은 매우 적습니다. A와 B가 있을 때, 서로의 인생과 경험에서 겹치는 영역은 극히 일부입니다. 자라온 환경과 사고방식이 다르고, 만약 동시에 똑같은 현상을 보더라도 떠올리는 생각은 천차만별입니다. 다른 사람과의 공통점을 생각할 때 제 머릿속에는 앞과 같은 그림이 그려집니다.

A와 B에게 공통점이 있더라도 한가운데의 좁고 좁은 회색 영역에만 존재합니다. 편의상 그림에서 원의 지름은 몇 센티미터에 불과하지만, A와 B의 인생을 고려하면 실제 지름은 훨씬 크고 겹치는 면적은 한층 좁아집니다.

공통점을 바탕으로 대화한다는 것은 곧 회색 영역 안에서 대화를 만들어낸다는 뜻입니다. A와 B의 겹치는 부분은 서로의 인생 경험을 통틀어 1퍼센트도 되지 않는데, 그 1퍼센트 안의 주제로 대화를 나눠야 합니다. 부담이 클 수밖에 없습니다. 애초에 범위가 좁기 때문에 대화를 시작하더라도 금세 이야깃거리가 동이 납니다.

반면에 공통점을 찾아야 한다는 고정 관념에서 벗어나면 그 옆으로 흰색의 커다란 '공통되지 않은 영역'이 보입니다. 타인과 공통되지 않은 범위는 인간은 도저히 상상할 수 없을 정도로 넓습니다. 흰색 부분은 A와 B 사이에 존재하는 '차이점과 의문점'으로 바꿔 말할 수 있습니다. 공통점이 아닌 이곳에서 이야깃거리를 찾아 대화를 시작해보세요.

예를 들어 A는 홋카이도 출신, B는 오키나와 출신이라면 공통점을 찾기 어렵습니다. 하지만 차이점과 의문점이라면 쉽게 찾을 수 있습니다. 지역이 다르면 사계절의 풍경이나 생활 방식이 서로 공통되지 않은 '흰색 영역'에 해당합니다. 또 어떤 교통수단으로 도쿄에 가는지에 대한 정보도 더할 나위 없는 '흰색 영역' 이야기, 즉 차이점과 의문점이 됩니다.

A와 B가 같은 펜을 가지고 있다면 그 펜을 고른 이유나 구입하고 나서의 쓰임새, 느낀 점에는 반드시 차이가 생깁니다. 여러 번 말했듯이 A와 B는 별개의 사람이고 절대적으로 다른 경험과 사고방식을 가지고 있으며 서로를 자세히 알지 못합니다. 우리는 이 차이점과 의문점에 기대어 대화를 이어가면 됩니다.

앞에서 이해하지 않고 아는 것만으로 충분하다고 한 근거도 이 그림에 있습니다. 만일 B가 A를 진심으로 이해하고 공감하려면 B는 A의 원에 자신의 원을 최대한 포개야 합니다. 따라서 회색 영역을 가능한 한 넓히거나 완전히 겹치려고 노력할 것입니다. 하지만 A와 B가 완전히 다른 문화에 속한 이상 이것은 불가능한 일입니다. 또한 대화에서 지향해야 할 바도 아닙니다.

B는 A에게 자신의 생각이나 경험과 겹치지 않는 '흰색 영역'이 존재한다는 사실을 알고 '아, 이러한 방향으로 커지는 원도 있구나'라고 인식할 수 있으면 충분합니다. 일단은 몰랐던 내용을 '아는 것'만으로 두 사람의 대화는 의미가 있습니다.

그리고 '아는 것'을 재미있어하는 태도가 대화를 편하게 만드는 첫 단계입니다. 모르는 방향으로 커지는 원이 있으면 그 영역을 개척한 경위나 방법, 좋아하는 이유 등이 A와 B의 차이점과 의문점에 해당합니다. 그것을 파악해서 대화를 이어나가면 됩니다. 즉, 차이점과 의문점으로 대화를 이어간다는 것은 나는 모르고 상대방은 아는 내용을 강하게 의식하고, 그것을 소재 삼아 적극적으로 질문을 만들어간다는 뜻입니다.

일잘러의 말센스

사람에 따라 다른 대화를
구사하지 않아도 된다

◖·· 복잡한 과정은 자기 부담을 늘릴 뿐이다

　대화가 어렵다고 느끼는 사람들을 옭아매는 또 한 가지는 '상대방 관찰과 유형 분석'입니다. 듣는 사람이 상대방을 유형별로 나눠 그에 맞게 대응하는 것으로, 예를 들어 A는 차분한 유형이므로 A 방식으로 다가가고, B는 적극적인 유형이므로 B 방식으로 다가가는 것입니다. 상대방을 거스르지 않고 임기응변으로 대화를 북돋우려는 방법입니다.

　심리학이나 과거 연구에서 밝혀진 정보가 활용돼 논리적으로는 이치에 맞습니다. 유형별 인간상을 보고 있으면 다양한 사람이 머릿속에 떠오르기 때문에 대화 중 응용이 가능하다면 많은 사람과 활발히 대화할 수 있을 듯합니다.

하지만 우리가 유형별로 대응하려면 처음 만나는 상황에서도 대화 전에 상대방을 관찰하고 어떤 유형인지 파악해야 합니다. 분석 후에는 유형에 맞춰 적절히 대응해야 합니다. 이것이 가능한 사람은 거의 없지 않을까요? 대화가 어려운 사람에게는 지나치게 복잡한 과정이기 때문입니다.

그렇지 않아도 눈앞에 처음 보는 사람이 있으면 긴장되기 마련인데, 대화 전에 '해야 할 일'이 늘어나면 부담도 늘어납니다. 선택해야 하는 사항이 많으면 많을수록 머리는 혼란스러워집니다. 원래 대화에 서툰 사람은 그 상태에서 말을 해봤자 실패 경험만 늘어날 뿐, 좋은 기억은 거의 남지 않습니다. 저도 같은 실패를 많이 겪었습니다. 그래서 조금이라도 듣는 사람에게 부담이 적은 방법을 생각하게 된 것입니다.

대화 기술은
때론 역효과를 낳는다

◖·· 집중해야 하는 것은 눈앞에 있는 상대방의 발언뿐

다양한 몸짓이나 적절한 단어를 사용해 상대방의 이야기를 끌어내는 기술 중시의 대화법도 많습니다.

예를 들어 상대방이 "춥네요"라고 말하면 "춥네요"라고 상대방의 말을 따라 하는 방법이 있습니다. 이 밖에도 적절한 맞장구로 상대방을 띄우는 방법이나 최적의 눈높이와 앉는 각도 등 구체적인 기술이 많이 알려져 있습니다.

그런데 저는 이 방법들이 효과가 없었습니다. 기술을 떠올리는 동안 눈앞에 있는 상대방의 존재에 소홀해지기 때문입니다. 미소를 짓거나 말을 따라 하는 등 제가 할 일에만 신경

쓰느라 대화에 집중하지 못했습니다. 기껏 대화를 나누려고 마주했건만 이야기를 제대로 듣지 않는 본말전도의 상황이 발생하는 것입니다.

게다가 이 대화법을 아는 사람에게는 그 수가 빤히 보입니다. 상대방의 말을 따라 해서 대화가 이어지면 성공했다고 생각하기 쉬운데, 자신이 화자가 되었을 때 상대방이 자신의 말만 따라 한다면 '이야기를 듣는 척하고 있구나. 사실은 듣고 싶지 않은 이야기일까?'라는 위화감이 듭니다. 자신의 이야기도 전혀 전달되지 않는다고 느껴집니다.

대화할 때는 기술을 사용하기 전에 먼저 상대방을 바라봐주세요. 그리고 상대방이 무슨 말을 하는지 들어주세요. 그곳에서 새로운 대화를 만들어가면 충분합니다.

상대방의 발언에는 전하고자 하는 바가 고스란히 담겨 있습니다. 듣는 사람이 이야기를 듣고 화자와의 차이점과 의문점을 파악한 뒤 있는 그대로 질문이나 말로 바꾸면 대화는 이어집니다. 어려운 기술을 익힐 필요가 없습니다.

상대를 바꿀 수 없다면
나부터 바꾼다

◖•• 자신에게 100퍼센트 딱 맞는 화자는 없다

저는 작가로 독립하기 전, 기업 홍보실에서 매달 1회 발행하는 사보 편집자로 일했습니다.

아직 듣는 요령이 부족하던 때였습니다. 사보 취재가 잘 진행되지 않을 때면 '사보에 협력하는 것도 일인데 왜 이야기를 안 해줄까?', '좀 더 이해하기 쉽게 말해줄 수는 없을까?'라는 생각을 항상 했습니다. 저는 홍보실 업무로 사보를 만들어야 하고, 취재 대상인 직원들에게도 이것은 중요한 업무라고 할 수 있습니다. 그래서 상대방이 제게 맞춰 성실히 취재에 응해야 한다고 생각했습니다.

여기서 말하는 '성실히 취재에 응한다'의 조건을 살펴보 겠습니다.

ㅇ 지루하지 않은 재미있는 이야기를 해준다.
ㅇ 상대방부터 마음의 벽을 허문다.
ㅇ 자랑하는 말을 하지 않는다.
ㅇ 곧장 원하는 정보를 제공해준다.
ㅇ 나와의 공통점을 찾아 이야기해준다.

모든 화자가 이 조건을 만족하면 매우 도움이 됩니다. 취 재를 하면 자료가 순식간에 모이고 질 높은 정보를 이용해 금세 기사를 완성할 수 있습니다. 이러한 상황이 실현되지 않아 저는 늘 안절부절못했습니다.

하지만 곰곰이 생각해보면 이것은 단순히 '내 입맛에 맞 는, 내 요건을 충족하는' 의미의 '성실히'에 불과합니다. 어 느 날 겨우 깨달았습니다. '이 조건을 전부 만족하는 사람 은 어디에도 존재하지 않는다', 즉 '내 입맛에 맞는 화자는 없다' 는 사실을 말입니다. 실제로 사람의 성격은 모두 다르고 상 성도 다양합니다. 100명의 사람이 있으면 생각과 상황도

100가지이고, 이는 각각 존중받아야 마땅합니다.

또 자신의 인상을 좋게 보는 사람이 있으면 안 좋게 보는 사람도 있습니다. 그 모든 사람에게 '내가 듣기 편하게 말해 달라. 그렇게 해야 한다'고 강요하기는 매우 어렵습니다. 대화에서 스트레스를 받는 주요 원인 중 하나는 기대와 달리 생각대로 되지 않기 때문입니다. 상대방을 바꿀 수 없다면 자신이 바뀌는 수밖에 없습니다. 만나는 사람 모두가 '좋은 화자'가 되기를 기다리기보다는 스스로 방법을 찾아서 바꾸는 편이 훨씬 빨리 결과를 얻는 길입니다.

'말해달라'가 아니라
'알려달라'는 마음으로

🟡•• 진심으로 즐길 수 있는 대화를 지향한다

듣는 사람에게 진심으로 듣고 싶은 마음이 있으면 태도가 저절로 바뀝니다. 결코 '말하게 만든다', '이야기를 끌어낸다', '말을 시킨다'처럼 거만함이 묻어나는 동사를 사용하지 않습니다. 오히려 알려달라거나 들려달라는 마음이 듭니다.

책이나 자료를 볼 때면 이와 같은 사역의 단어가 늘 마음에 걸렸습니다. '매력'처럼 본인이 깨닫지 못하는 사실을 새롭게 발견해서 알려준다면 '끌어낸다', '~하게 만든다'라는 단어를 쓸 수 있겠죠. 하지만 '속마음'이나 '미소', '말'처럼 보여줄지 말지가 본인의 의사에 달린 일에 대해서 '끌어 낸다', '~하게 만든다'라는 단어를 사용하는 것은 매우 무례하게 느껴집니다.

만일 눈앞의 듣는 사람에게서 '마음껏 말하게 만들었다', '끌어냈다'와 같은 태도가 느껴진다면 여러분은 어떻겠습니까? 저는 그 사람에게 제 이야기를 하지 않을 것 같습니다. 이미 속마음을 털어놓은 후라면 상대방의 대화 기술에 넘어간 것을 후회하겠죠.

긍정적으로 해석하면 상대방이 나와 대화를 이어가기 위해 노력한 것이라고 볼 수 있습니다. 하지만 대화 기술의 존재를 알아채면 '나에게 관심이 없어졌구나. 그래서 대화 기술로 빈틈을 채우려고 하는구나'라고 생각할 것입니다. 계속 대화를 나누다 보면 상대방의 마음이 이곳에 없다는 것이 느껴집니다. 나와 내 이야기에는 전혀 관심이 없고 기술로 대화를 이어가려는 속셈이 고스란히 들통나고 맙니다.

세상에 널리 알려진 대화법이나 노하우는 듣는 척 가장하거나 들통나지 않도록 하는 데 주안점이 있습니다. 실제로는 이야기가 재미없지만 상대방이 그런 마음을 깨닫지 못하게 합니다. 즐거워한다고 생각하게 만듭니다. 하지만 이런 자세는 매우 위험합니다. '들통난다'는 것은 겉과는 다른 무언가가 속에 있고, 그 속이 의도치 않게 보이는 것입니다.

정말로 즐거웠다면 숨길 것이 하나도 없습니다. 즐거운 마음을 전달하면 상대방은 기뻐하며 새로운 이야기를 꺼냅니다. 그곳에서 생기는 의문과 질문을 그대로 돌려주면 됩니다. 이것이 '좋은 대화'라고 생각합니다. 만약 말하게 만들려는 생각으로 기술을 구사한다면 저는 소화할 자신이 없습니다. 연기나 위장에 서툴러서 '어때, 말하게 해줬잖아'라는 기운이 온몸에 묻어날 테니까요.

그래서 듣는 입장이 되었을 때 '이야기를 끌어냈다'고 말하지 않아도 되는 간단한 듣기 방법을 생각해냈습니다. 이 방법이라면 억지로 연기하지 않아도 됩니다.

2부

STEP 2

일과 관계가 술술 풀리는
가장 심플한 대화 공식

3장

**: 서로가 스트레스받지 않는
대화 요령**

▶ 이 장에서는 '좋은 대화'를 방해하는 심리적 문제를 다룹니다. 구체적으로 대화 상황에서 상대방의 무엇에 주목해서 생각해야 하는지, 생각하지 않아도 되는 것은 무엇인지를 소개하며, 흔히 말하는 대화 기술보다 중요한 '잘 듣기 위한 기본'을 익힐 수 있도록 돕습니다.

이야기에 귀 기울이지 못하는 2가지 이유

·· 사실은 마음이 대화를 방해한다

앞서 '기분 좋게 듣기'라는 기분과 관련된 1층의 중요성을 설명했습니다. 이것만으로는 단순한 정신론에 그치고 맙니다. 이번에는 공감이나 이해와 같은 추상적인 방법이 아니라 실천적인 방법을 소개합니다. 이야기를 기분 좋게 듣지 못하는 상태에는 반드시 이유가 있고, 그것을 해결하면 되기 때문입니다.

우리가 다른 사람의 이야기에 귀 기울이지 못하는 이유는 2가지입니다. 하나는 기술적인 문제입니다. 대화를 시작하는 방법이나 유지하는 방법을 모르는 경우입니다. 여러 번 대화에 도전했으나 번번이 실패한다면 대화 자체에 겁을 먹게 됩니다. 이 문제는 마음가짐만으로는 해결되지 않습니다. 유지되는 대화에는 일정한 패턴이 있으므로 이 패턴을 기억하고 재현하면 잘 들을 수 있습니다.

다른 하나는 심리적인 문제입니다. '이 사람은 불편해서 말하기 어렵고, 이 사람은 별로라서 말하기 싫고, 이 사람은 재미없어서 듣기 괴롭다'처럼 상대방과의 관계에 따라 대화가 고통스러워지는 '상대방 요인' 사례가 있습니다. 반대로 긴장해서 제대로 말하지 못하거나 시시한 사람, 재미없는 사람으로 비치는 것을 걱정하는 '자기 요인' 문제도 존재합니다. 대화를 방해하는 요소로는 기술적인 문제보다 오히려 이러한 심리적 문제가 대부분을 차지합니다.

설령 대화를 시작하는 방법이나 유지하는 방법을 알아도 '그렇게 하면서까지 그 사람의 이야기를 듣고 싶지는 않다'거나 '부끄러울 것 같다'고 느끼면 그 방법을 사용하려 하지 않겠죠. 자신이나 상대방에게 부담이 된다면 대화 피라미드의 1층 '자신이 기분 좋게 듣기'를 전혀 실천할 수 없습니다. 아무리 노력해도 대화에 실패한다면 기술보다는 심리적 문제를 해결해야 합니다.

다만 단순히 상대방을 이해하거나 공감하는 추상적인 방법으로는 해결이 어렵습니다. 이해하거나 공감하기 위한 구체적인 행동이 무엇인지 모르는 상태이기 때문입니다. 저도 그랬습니다.

이 문제를 해결하려면 대화를 멈추게 하는 심리를 자세히 나눠 살펴보고 장애물을 하나씩 지워가야 합니다. 일단 한번 '지우기/전환하기'라는 방법을 익히면 평생 사용할 수 있습니다. 자전거나 수영을 마스터하는 것과 비슷합니다. 이제부터 이 문제에 대해 자세히 살펴보겠습니다.

불편한 사람과
대화하는 법

◖·· 모르면 물어보자

　먼저 '상대방 요인'에 대해 생각해봅시다. 애초에 사람은
왜 누군가를 불편하다고 느낄까요? 불편하다고 느끼는 사
람을 한 명 떠올려보세요. 성격이 맞지 않아서, 자기 자랑
만 늘어놓아서, 말할 틈을 주지 않아서, 모르는 이야기에
혼자 들떠서, 옷차림이 별로라서, 태도가 마음에 들지 않아
서 등 다양한 이유가 있겠죠. 이는 곧 '공통점이나 공감대가
적다', '나와는 사고방식이 다르다'로 바꿔 말할 수 있습니다.

　서로가 아는 세계나 정보가 많으면 대화를 시작하기 쉽
습니다. 서로가 즐길 수 있는 대화거리도 금방 찾아냅니다.

그런데 이러한 계기가 없으면 우리는 상대방을 불편한 사람으로 분류해버립니다. 이는 결코 잘못이 아니라 심리적으로 당연한 일입니다.

예컨대 자신은 문학 이야기를 하고 싶은데 상대방은 물리 이야기만 한다고 해봅시다. 상대방이 자신은 모르는 이야기만 꺼낸다면 대화가 어렵고 불편하게 느껴지겠죠. 홋카이도의 겨울을 이야기하고 싶은데 오키나와의 바다에 대해 일장연설을 늘어놓는다면 그곳에 가본 적이 없는 한 맞장구도 치지 못하고 매우 지루한 시간을 보낼 것입니다. 저도 예전에 그랬습니다. 그런데 이 상황을 극복할 방법이 있습니다.

예전에 저는 뭔가를 자랑하고 싶어 하는 어느 연상의 인물이 불편했습니다. 제가 모르는 책을 읽거나 영화를 보고 나면 일부러 제가 모르는 것을 확인하고 그 이야기만 늘어놓았습니다. 대화 곳곳에서 '당신은 모르지만 나는 안다'는 식의 태도가 엿보였습니다. 지식을 이용해 저보다 우위에 있음을 과시하고 싶었던 것이겠죠. 실제로 저보다 훌륭한 사람이기도 했습니다.

말하는 본인은 매우 신이 나겠지만 듣는 저는 온통 모

르는 이야기라서 "아…"라든지 "그래요?"라는 말밖에 할 수 없었습니다. 저한테는 특히나 흥미가 없는 분야였기 때문에 그렇게 행동할 수밖에 없었죠.

지금 생각해보면 이때 제가 '잘 듣는 사람'이 되지 못했던 이유는 서로 간의 공통점이 없어서 상대방의 말에 집중할 수 없었기 때문이었습니다. 조금이라도 아는 이야기가 나오면 "아, 그건…" 하고 말을 붙이겠지만 그런 부분이 전혀 없으니 어쩔 수 없다고 생각했습니다.

당시 저는 전혀 모르는 이야기에 대해서는 고개를 끄덕이는 방법밖에 몰랐고, 참여하지 못하는 대화일수록 한층 더 지루하게 느끼는 악순환에 빠져 있었습니다. 상대의 말에 붙들리는 횟수가 늘어날수록 질리는 기분이었지만 상대방을 말릴 수는 없었습니다. 어떻게 할까 고민하던 중에 문득 떠오른 생각이 있었습니다.

바로 '모르면 물어보면 된다'고 발상을 전환한 것입니다. 제 대화를 가로막았던 요소는 모르는 것을 모른다고 인정하지 않는 저의 자존심이었습니다. 모른다고 인정해버리면 상대방에게 지는 것처럼 느껴졌으니까요. 저도 사람이기에 지고 싶지 않았습니다. 바로 이 시간을 짧게 줄이거나 모르는 것에 대해 솔직하게 질문해보기로 한 것입니다.

상대방이 여러분은 모르는 단관 개봉한 독립 영화에 관해 이야기한다고 해봅시다. 순간적으로 또 자랑이 시작됐다고 느끼겠죠. 하지만 곰곰이 생각해보면 상대방은 이 영화를 알고 나는 모른다는 사실만이 존재합니다. 그렇다면 자신의 감정은 접어두고 "어떤 영화인가요?", "감독은 누구인가요?", "지금까지 어떤 영화를 찍은 사람인가요?"라고 가볍게 물어보면 어떨까요?

이 시도는 매우 성공적이었습니다. 상대방이 한마디 할 때마다 말을 끊으려던 태도에서 "어떻게 된 거죠?" 하고 다음을 제시하게 되었고, 상대방도 "그건 말이죠" 하고 이야기를 이어갔습니다.

앞서 불편한 사람과 그 이유를 떠올렸을 때 여러분도 '이런 부분이 안 맞아', '모르는 이야기야'라며 자신과 공통점이 없다는 사실에만 집중하지 않았나요? 이 생각을 뒤집어 '맞지 않는 부분', '모르는 이야기'로 재인식하고 질문해보세요. 분명 지금까지와는 다른 분위기가 펼쳐질 것입니다.

말주변이 부족하다면
이렇게 극복하자

◖·· 자신의 유형을 바꿀 필요는 없다

　'대화에 서툴다', '말주변이 없다'고 생각하는 사람에게는 '자기 요인'에서 기인한 심리적 문제가 많습니다. 상대를 생각하기보다 자신에게 초점이 맞춰진 상태입니다.

　'대화에 참여하고 싶다', '되도록 참여해야 한다'고 생각하지만 재미있는 대화거리를 제공하지 못할뿐더러 어떻게 꺼내야 할지도 모릅니다. 설령 방법을 알더라도 막상 자리에 서면 입이 떨어지지 않습니다. 이 또한 '재미없는 사람으로 보이고 싶지 않다', '실수하면 안 된다', '말을 잘할 자신이 없다'라는 심리에서 기인합니다. 이러한 상태에 있다면 무리하지 않아도 된다는 말을 꼭 해주고 싶습니다.

　대화에 서툴다는 사실을 알면서도 굳이 서툰 곳으로 뛰어들기 위해 쓸데없이 자신을 괴롭히는 사람이 있습니다. 제 경험상 분위기를 어떻게든 부드럽게 만들려는 책임감 강한 사람, 침묵이 생기면 상대방을 재미있게 해줘야 한다고 생각하는 친절한 사람, 어떻게든 자리를 책임지기 위해 노력하는 착한 사람들이 경험하기 쉽습니다. 하지만 이때 무리하면 그 사실이 주변에 고스란히 전달됩니다. 긴장한 사람을 보면 덩달아 긴장되듯이 대화할 때도 상대방에게 영향을 미칩니다.

　말하는 사람과 듣는 사람 모두가 즐거우려면 각자 자신의 리듬과 방식대로 대화에 참여하고 그곳에서 새로운 발견과 감정을 경험해야 합니다. 세상에는 말이 술술 나오는 사람도 있고 느릿느릿 나오는 사람도 있습니다. 그러니 대화에 서툰 나를 탓하며 바꾸려 하기보다는 나와 리듬이 맞는 사람을 찾아보세요. 똑같은 유형의 사람은 반드시 있습니다.

　또한 자기만의 방식으로 이야기를 듣는 사람은 자연스러워 보입니다. 서두르지 않는 느낌, 여유로운 느낌이 자리에도 영향을 주어 모두가 편안한 마음으로 대화에 참여하게 됩니다.

많은 사람들이 자신이 재미없는 사람으로 비치는 것을 바라지 않습니다. 하지만 이야기를 재미있게 하는 기술이 부족하다면 그 사실을 받아들이는 수밖에 없습니다. 자신이 할 수 있는 일에 집중하는 것이 바로 부담을 줄이는 길입니다.

대화의 목표를 상대방에게 즐거움을 주거나 분위기를 띄우는 것이 아닌 '새로운 사실을 아는 것'으로 설정하는 이유도 부담을 줄이고 서로가 즐겁게 대화하기 위해서입니다. 대화 중에는 자신이 어떻게 보일지에 대한 생각은 잠시 접어두고 대화 내용에 집중해보세요. 집중하는 방법에 대해서는 뒤에서 설명하겠습니다.

'감정'과 '정보'는
구분해서 생각한다

> ··· 불편한 상대는 나에게 모르는 정보를 알려주는 사람이라고
> 생각한다

'상대방 요인'과 '자기 요인'을 해결한 다음에는 '감정'과 '정보'를 구분하는 방법을 실천해보세요. 이 방법을 익혀서 원하는 때 활용할 수 있다면 심리적 문제를 해결하기가 훨씬 수월해집니다.

세상에는 자신이 아는 것과 모르는 것이 존재합니다. 모르는 이유는 다양합니다. 그 세계를 접해본 적이 없어서, 그 세계에 관심이 없거나 좋아하지 않아서, 경험해봤지만 흥미를 잃어서 등등 여러 이유가 있습니다.

만약 상대방이 자신이 모르는 것을 아는 상태로 바꿔주

는 인물이라면 어떨까요? 불편한 사람이 생기는 이유는 대부분 자기 자신과 공통점이 없어서입니다. 공통점이 없기 때문에 공감하지 못하고, 이해하지 못하고, 알지 못하고, 좋아하지 못하고, 그래서 불편하다고 느낍니다. 이것을 뒤집어 '모르니까 배운다'고 생각하는 것입니다.

이때 주의할 점은 '감정'과 '정보'를 구분해서 생각하는 것입니다. '싫으니까 듣지 않겠다, 말하지 않겠다'는 마음은 감정에서 비롯된 것입니다. 그러지 말고 '자신이 모르는 정보를 알고 있는 사람이므로 물어보고, 대화하며 배운다'고 정보를 얻는 자리로 받아들여보는 건 어떨까요?

앞서 영화와 책 이야기에서 모르는 사실을 부끄럽게 느끼는 것도 감정의 문제입니다. 자신이 상대방보다 모르는 것은 사실이므로 어쩔 수 없습니다. 지금까지 상대방에게서 들은 자랑은 나에게는 모르는 세계이지만 바꿔 말하면 새로운 세계이기도 합니다. 내가 모르는 세계를 상대방은 많이 알고 있고 나는 전혀 모르기 때문에 공통점이 없는 것입니다.

그렇다면 물어보면 됩니다. 감정은 접어두고 내가 모른다는 사실만을 생각하고 질문합니다. 즉, 대화를 통해 지식과 정보의 간격을 스스로 채워가는 것입니다.

앞에서 말한 연상의 인물이 어느 작가의 이야기를 꺼냈을 때 저는 이 방법을 사용해보기로 했습니다. 누구나 한 번쯤 읽어봤을 법한 저명한 책이었기 때문에 읽어본 적이 없다고 말하는 데는 상당한 용기가 필요했습니다. 그럼에도 약간의 창피함을 무릅쓰고 사실을 밝힌 뒤 지금까지 어떤 작품을 쓴 사람인지 물었습니다. 그러자 대화가 이어지고 몰랐던 정보가 손에 들어와 스스로도 놀랄 만큼 기분 좋게 이야기를 들을 수 있었습니다. 상대방도 자신이 아는 것을 모르는 사람에게 알려주는 시간이 나쁘지 않았던 듯 서로 만족스럽게 대화를 마쳤습니다.

불편한 사람과 대화가 이어졌다는 사실은 제게 엄청난 일이었습니다. 한번 머릿속에서 이러한 전환이 이뤄지면 평소에 대화하기 어렵거나 잘 통하지 않는다고 느꼈던 사람과도 대화가 가능해집니다. 모르는 것이 있다면 감정은 접어두고 상대방이 가진 정보에 귀 기울여보세요. 이때 상대방에 대한 좋고 싫음은 상관이 없습니다. 자기가 모르는 세상을 알고 있는 사람이라면 물어볼 이야기가 많습니다.

상대방이 자신과 대립적인 위치에 있거나 자신이 싫어하

는 문화에 속한 사람이라도 마찬가지입니다. 감정이 섞이면 복잡해집니다. 잘 듣는 사람이 되고 싶다면 상대방의 사고나 문화를 이미 존재하는 것으로서 존중하고, 모르는 것을 알려주는 사람이라고 생각하면 대화가 훨씬 활기를 띠게 됩니다.

생각해보면 자신과 맞지 않거나 불편하다고 느끼는 사람일수록 자신과 사고방식이나 세계관이 다른 사람입니다. 그런 사람의 이야기를 들으면 몰랐던 세계를 알게 되니 이보다 이득인 일이 또 있을까요?

자기 자랑이야말로
정보의 바다

◖•• 자기 자랑이 시작되면 기회라고 생각하자

심리적 장벽을 높이는 다른 원인으로 '상대방의 자기 자랑'이 있습니다. 자기 자랑은 들어봤자 쓸모가 없고 괴롭기만 할 뿐이라고 생각하는 사람이 있습니다. 모르는 정보를 알려주는 것이라면 모를까 자랑 이야기에서는 하나도 얻지 못한다고 생각하는 것입니다. 하지만 제 생각은 전혀 다릅니다. 자기 자랑만큼 정보로 가득한 이야기는 없습니다.

자기 자랑에는 그 사람이 중요시하는 기준이 고스란히 드러납니다. 왜 자기 자랑을 늘어놓느냐며 불평하는 사람도 있는데, 이때야말로 새로운 시각을 획득할 기회입니다.

이유를 알 수 없는 자기 자랑을 듣게 됐다면 여러분과는 다른 기준으로 세상을 바라보는 사람이 눈앞에 있다는 뜻입니다. 왜 상대방이 그것을 자랑스럽게 여기는지 자세히 알 수 있는 좋은 기회입니다.

만약 어느 기업의 사장이 "무슨 상을 받았어"라든지 "누군가에게 칭찬을 들었어"와 같은 점을 계속해서 자랑한다면 이 사람은 타인의 평가에 자부심을 느낀다는 뜻입니다. 회사가 높은 평가를 얻기까지 엄청난 고생을 했을 수도 있고 수상하기까지 우리는 알지 못하는 과정이 있었겠죠. 만약 "이거 대단한 기술이야"라든지 "이 크기로는 만들기 어려운 제품이야"라고 자랑한다면 대외적 평가보다는 객관적 사실을 중요시하는 사람일 것입니다. 그 기술이 어떻게 대단한지, 무엇이 어려운지를 묻는다면 핵심 포인트를 알려줄지도 모릅니다. 사내 분위기나 인맥을 자랑하는 사람은 평소에도 동료나 인연을 소중히 여기는 사람일 것입니다. 어떻게 유지하는지 물어보면 자신만의 비결을 말해줄지도 모릅니다.

듣는 사람 스스로가 '그러한 상에는 흥미가 없다', '기술에 대해서는 잘 모른다', '모임 같은 건 질색이다'라고 생각하는 것은 자유입니다. 하지만 그렇다고 해서 애써 말할 기회를 얻은 상대방과 대화를 그만둘 이유는 되지 못합니다. 관심이 없거나, 모르거나, 불편하게 느껴지는 존재야말로 지금까지 자신은 접해본 적 없는 정보이고 아는 것으로 바꿀 기회입니다. 상대방은 물어보면 반드시 알려줍니다. 자랑하고 싶은 이야기라면 더욱 그렇습니다.

자랑하는 이야기라도 그 안에는 듣는 사람은 모르는 차이점과 의문점이 반드시 존재합니다. 그 부분을 속속 물어보세요. 자랑은 꺼내기 쉬운 이야기라서 다른 이야기보다 기꺼이 말해줄 것입니다. 들으면 들을수록 자신의 지식과 정보가 늘어납니다. 듣는 사람은 손해 볼 일이 없습니다. 오히려 상대방에게 기쁨을 주고 이득만 볼 뿐입니다.

자랑은 인품이 적나라하게 드러나는 데다 상대방에게는 가속이 붙어 말하기 좋은 주제입니다. 실제로 저는 듣는 입장이 되었을 때 상대방이 자랑을 계속해주기를 바랄 정도입니다.

자신의 위치에서
듣고 생각하고 질문한다

◖•• 경험한 사람에게 묻는 것이 지름길이다

   도저히 자기 자랑에 관심이 생기지 않고 묻고 싶은 말이 떠오르지 않는다면 일부러라도 자신과 상대방을 비교해보세요. 자기 자랑은 '내가 상대방보다 뛰어나다'고 생각한 분야에서 펼쳐지기 마련입니다. 반대로 말하면 자신보다 그 분야에 뛰어난 사람에게는 자랑을 하지 않습니다.

   만약 자신이 실현하지 못한 일을 자랑한다면 나와 상대방을 비교해보고 지금 자신의 위치에서 상대방의 위치로 가는 과정을 물어보세요. 공부법이나 돈을 모으는 방법, 인맥을 쌓는 방법 등 그 위치로 가기 위해서 무엇을 했고 무엇이 필요했는지 물어보면, 실현을 위한 구체적인 과정을 알 수 있습니다. 연줄이 있는 지인 덕분에 무언가를 실현한 경우라면 대화를 통해 그 지인을 소개받을 수도 있습니다.

예를 들어 저는 토익 점수가 600점 정도라서 예전에는 800점을 받은 사람의 이야기가 자랑처럼 느껴졌습니다. 그런데 감정을 접어두고 생각하면, 저는 아직 800점을 받은 적이 없고 상대방은 800점을 받았다는 사실만이 존재합니다. 점수를 600점에서 800점으로 끌어올리는 방법은 당연히 저보다 그 사람이 더 잘 압니다. 나는 아직 모르지만 그 사람은 이미 알고 있을 가능성이 높다면 '어떻게 하면 되는지'를 본인에게 물어보세요.

자신을 대신해 이미 상대방이 경험해준 것입니다. 따라서 단순한 자랑이라고 여기지 말고 이번 기회에 실현하는 방법과 과정을 충분히 물어봅시다. 분명 여러분의 자양분이 될 것입니다.

대화하기 어려울수록
불편한 감정 제거해보기

대화를 하다 보면 종종 '이 사람과는 말하기가 불편해'라고 느낄 때가 있지 않나요? 이때가 바로 기회입니다. 불편한 사람을 대하는 방법을 연습해봅시다. 이 연습의 목적은 '감정을 내려놓기'입니다. 상대방에 대한 좋고 싫음은 제쳐두고 사실만을 추출할 수 있게 도와줄 것입니다.

1. 평소 불편하게 느껴졌던 사람을 한 명 떠올린다.
2. 그 사람과 비교해 나에게는 없고 상대방에게만 있는 것은 무엇인가?

저는 앞서 자기 자랑을 하던 연상의 인물을 대상으로 삼겠습니다. 그 사람을 A라고 가정하고, 'A에게는 있지만 나에게는 없는 것은 무엇인가?', 'A는 할 수 있지만 나는 못하는 것은 무엇인가?'를 생각합니다. 사소한 내용이라도 좋으니 아래와 같이 생각나는 대로 적어보세요.

- A는 관리직에 있어 부하가 있다. 나는 A와 달리 부하가 없다. 부하를 다루는 방법에 대해서는 A가 나보다 잘 안다.
- A는 자녀가 있고 집도 있다. 즉, 자신의 급여로 가족을 부양하고 대출금을 지불할 수 있다. 나는 못하는 일이다.
- A의 취미는 영화나 콘서트를 보는 것이다. 아마도 내가 평생 본 것보다 훨씬 더 많은 무대를 관람하고, 작품에 대한 지식도 풍부할 것이다.
- A는 회사에 오래 근무해서 사내에 아는 사람이 많다. 무슨 일이 생기면 곧바로 정보가 들어와 대처할 수 있다. 나는 못하는 일이다.

이렇게 A의 뛰어난 면을 적어봤습니다. 저와 A의 성격이 맞을까요? 물론 미안할 정도로 맞지 않습니다. 불편하냐고 물으면 "네"라고 대답할 정도입니다. 지금 당장 A와 업무 회의를 한다면 사사건건 의견이 충돌하고 말겠죠. 하지만 그 사람이 좋고 싫은 것과 대화는 별개입니다. A는 제가 모르는 것을 많이 알고 있고 경험도 풍부합니다. 그것은 사실입니다. 나와 성격이 맞지 않는다는 이유로 부하를 관리하는 법과 자녀와 신뢰를 쌓는 법, 영화나 무대를 고르는 법을 그에게 묻지 않는 것은 무척이나 아쉬운 일일 것입니다. 알고 싶다면 이미 알고 있는 A에게 물어보면 됩니다.

여러분도 불편한 사람에 대해 '감정'과 '정보'를 분류해서 생각해보세요. 상대방은 잘하지만 자신은 잘하지 못하는 일들을 발견할 수 있을 것입니다. 그리고 가능하다면 지금 작성한 자신과 상대방의 차이점과 의문점을 질문으로 바꿔 물어보세요. 자라온 환경이 다르고 공통점이 적은 사람일수록 자신에게 이득이 되는 정보를 많이 가지고 있을 확률이 높습니다. 다시 말해 대하기 어려운 사람은 그만큼 우리의 가능성을 넓혀주는 사람이라는 뜻입니다.

4장

⋮ 말이 트이는
대화 계기 만들기

▶ 이 장에서는 듣는 대화에서 중요한 '대화의 계기'를 만드는 법에 대해 알려줍니다. 듣는 사람으로서 자연스럽게 대화를 시작하려면 어디에 집중해서 어떻게 말을 만들어내면 되는지 구체적으로 설명합니다. 적절한 말을 찾기 어려울 때 도움이 될 것입니다.

대화가 툭툭 끊기는
나쁜 대화란?

◖·· 두서없는 주고받기는 대화가 아니다

앞서 소개한 듣기 3층 피라미드 듣기 대화법 가운데, 앞에서는 1층의 중요성과 만드는 방법에 대해 알아봤습니다. 심리적인 문제를 해결했다면 다음은 기술적 문제입니다.

기술적 문제를 해결하려면 먼저 무엇이 '좋은 대화'이고 '나쁜 대화'인지를 구별해야 합니다. 목표의 형태를 알고 언제든 재현할 수 있도록 하는 것이 좋기 때문입니다.

다음 그림은 A가 질문하고 B가 대답하는 대화를 나타냅니다. 좋은 대화와 나쁜 대화에는 각각 일정한 패턴이 있습니다.

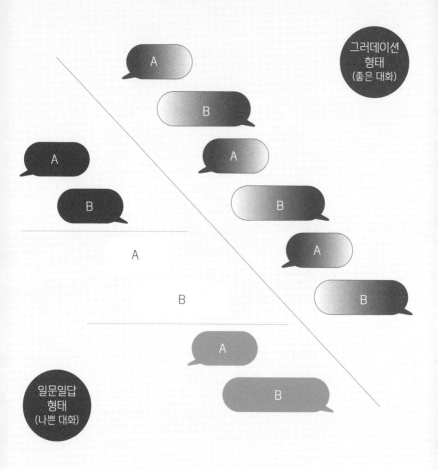

그러데이션
형태
(좋은 대화)

일문일답
형태
(나쁜 대화)

🗣️ 좋은 대화와 나쁜 대화의 패턴

나쁜 대화에서는 B의 대답과는 전혀 관련 없는 질문만 계속 던진다. B
는 A에게 '이야기를 들어주지 않는다'는 불만이 쌓인다.

먼저 나쁜 대화는 일문일답 형태입니다. A의 질문에 B가 대답하고 나면 흐름이 다시 초기화되는 대화입니다. A는 첫 번째 질문과는 전혀 관련 없는 두 번째 질문을 합니다.

B가 두 번째 질문에 대답을 돌려주더라도 대화는 다시 초기화됩니다. A의 세 번째 질문이 첫 번째, 두 번째 질문과 전혀 관련 없는 내용이기 때문입니다. 두서없는 대화가 계속되는 패턴입니다.

A: 좋아하는 음식이 무엇인가요?
B: 핫케이크입니다.

A: 휴일에는 무엇을 하나요?
B: 영화를 봅니다.

A: 어디 출신인가요?
B: 도쿄입니다.

질문과 대답을 캐치볼처럼 주고받지만 대화라고 보기는 어렵습니다. 이때 B의 기분은 어떨까요? 아마도 '기껏 생각해서 대답했는데 전혀 듣지 않는다'는 불만이 쌓일 것입니다.

안타깝지만 이래서는 '좋은 대화'가 되지 못합니다.

대화가 이어지는
좋은 대화란?

◖∙∙ 상대방의 말을 받아들였다는 신호를 질문에 담는다

그렇다면 좋은 대화란 무엇일까요? 87페이지 그림을 다시 살펴봐주세요. 좋은 대화는 왼쪽의 그러데이션 형태를 띱니다.

A가 질문하고 B가 대답하는 것은 똑같습니다. 다만 A의 다음 질문이 B의 직전 대답과 관련 있다는 점이 다릅니다. 즉, 상대방의 대답과 맞물리는 질문을 합니다. 대답과 질문의 내용이 약간 겹치는 것입니다.

A: 좋아하는 음식이 무엇인가요?

B: 핫케이크입니다.

A: 자주 드시나요?

　　→ **핫케이크라는 대답과 연관된 질문**

B: 일주일에 2번은 먹습니다.

　나쁜 패턴에서는 B의 '핫케이크'라는 답변이 무시됐습니다. 애써 대답했건만 어디에도 반영되지 않았습니다. 하지만 좋은 패턴에서는 A가 B의 대답과 연관되는 질문을 합니다. 핫케이크라는 대답을 들은 후에도 대화 주제가 계속됩니다. 대화 예시에서 B가 횟수를 알려줬으므로 그것을 이어받아 질문합니다.

(이전 대화를 이어받아서)

A: 집에서 만드나요? 가게에서 사 먹나요?

　　→ **일주일에 2번과 연관된 질문**

B: 카페에서 사 먹는 일이 많습니다.

A: 아, 좋아하는 가게가 있나요?

　　→ **카페와 연관된 질문**

A는 횟수에 대한 대답에 근거해 본인이 만들어 먹는지, 사 먹는지를 묻습니다. 역시나 B의 대답은 무시되지 않았습니다.

이때 핫케이크라는 대답에 A가 반응해줬기 때문에 B는 알맞게 대답했다며 안심합니다. 또 자신의 대답에서 벗어나지 않은 범위에서 다음 질문이 이어지기 때문에 이야기가 제대로 전달된다고 느낍니다. 나쁜 패턴처럼 전혀 듣지 않는다고 생각할 일이 없습니다. 이 방법이라면 반드시 B의 대답에서 파생된 질문으로 대화가 전개되기 때문입니다. 이는 곧 깊은 안도감과 신뢰감으로 이어집니다.

그러데이션 형태가 보여주듯이, 잘 듣는 대화에서는 상대방의 대답을 듣고 약간 겹치는 내용으로 질문을 거듭합니다. 따라서 B의 대답에서 벗어나지 않는 대화가 이뤄지고 B가 맨 처음 내놓은 '핫케이크'라는 정보에서 이야기가 점점 확장됩니다. 이 대화에서 A는 오직 B의 대답에만 집중합니다. 이처럼 상대방의 대답에서 단서를 얻어 질문을 만들어가면 좋은 대화가 됩니다.

좋은 대화를 만드는
2가지 포인트

◖·· 차이점과 의문점 찾기를 반복하면 대화가 계속된다

앞에서 그러데이션 형태의 좋은 대화를 추구하면 상대방이 안심할 수 있는 환경이 마련되고 대화가 술술 이어진다고 말했습니다. 듣는 사람으로서 좋은 대화를 실현하려면 대화에서 2가지 포인트에 주목해야 합니다. 다음 그림을 참고해주세요.

첫 번째는 대화의 시작 부분입니다. 자신이 먼저 대화를 시작하는 경우 자연스럽게 첫 주제를 찾는 방법이 있습니다. 이 방법이면 무리 없이 대화를 시작할 수 있습니다.

두 번째는 대화 중 질문과 대답 사이입니다. 이어지는 화자

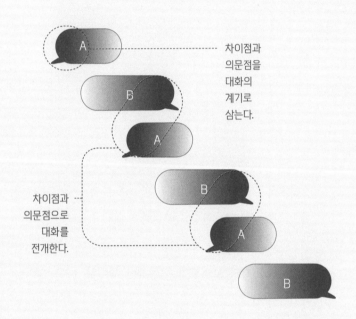

차이점과
의문점을
대화의
계기로
삼는다.

차이점과
의문점으로
대화를
전개한다.

주고받기가 대화가 된다

차이점과 의문점을 찾는 포인트는 두 곳이다. 이것을 반복하면 대화가
된다.

의 대답에서 말을 찾아서 다음 질문으로 바꿉니다. 이때도 듣는 사람이 역할을 잘한다면 그러데이션 형태의 대화가 실현됩니다.

사실 두 지점에 공통되는 비법이 있습니다. 바로 자신과 화자 사이에 존재하는 **차이점과 의문점에 주목하는 것**입니다.

대화의 계기를 찾지 못해서 고민하는 분들이 많으리라 생각합니다. 하지만 초면에도 자신과 상대방의 차이점과 의문점은 반드시 찾을 수 있고, 이것을 말로 바꾸면 대화의 '계기 질문'이 됩니다. 평소 자주 만나는 사람이 상대라도 마찬가지입니다.

대화를 이어갈 때도 차이점과 의문점은 핵심 키워드입니다. 상대방의 대답을 듣고 자신이 어떤 차이점과 의문점을 느꼈는지 의문형 문장으로 고치면 상대방의 대답과 연관된 다음 질문이 완성됩니다. 이 두 지점에서 차이점과 의문점을 바탕으로 질문 찾기를 반복하면 훌륭한 대화가 이뤄집니다.

겉모습에서
차이점과 의문점 찾기

◖·· 나는 하지 않는 것을 먼저 물어보자

    그렇다면 듣는 사람으로서 어떻게 대화를 시작하면 좋을까요? 우리는 매우 다양한 성격의 사람과 상황에서 대화를 나눕니다. 근무지에서 처음 만난 사람, 교류회나 친목회에서 명함을 교환한 사람, 매일 만나는 가족과 직장 동료, 가끔 만나는 친척 등 만나는 빈도와 친밀도도 천차만별입니다.

    그 안에서 공통점을 찾아 대화를 시작하기란 매우 어렵습니다. 특히 처음 만나는 사람과의 공통점은 제아무리 대화에 익숙한 사람이라도 찾기 쉽지 않습니다. 그런데 차이점과 의문점을 대화의 계기로 삼으면 고민 없이 첫 질문이 나옵니다. 대화거리를 눈앞에서 찾을 수 있기 때문입니다.

친목회에서 옆자리에 앉은 사람과 대화를 시작했다고 해봅시다. 상대방의 얼굴을 보는 순간 여러 가지 차이점과 의문점이 눈앞에 나타납니다. 겉으로 보이는 대표적인 차이점과 의문점은 패션과 소지품입니다. 머리가 길다/짧다, 치마/바지, 액세서리 유무, 가방 크기와 색상, 구두 형태 등 눈에 보이는 차이점과 의문점에 '왜? 어떻게?'를 더하면 대화의 계기가 됩니다.

예컨대 저는 항상 큰 가방을 들고 다니기 때문에 가방이 작은 사람을 보면 '어떻게 저 가방으로 충분하지?'라는 생각이 듭니다. 저는 가지고 다니는 물건이 너무 많아서 가방이 작으면 전부 담지 못합니다. 그래서 가방이 작은 사람을 보면 '어떻게 소지품을 줄였는지'가 저에게는 가장 큰 차이점과 의문점입니다. 여기에 '왜? 어떻게?'를 더하면 다음과 같은 질문이 만들어집니다.

○ 어떻게 작은 가방으로도 충분할까?
○ 가방 안에 무엇이 들어 있을까?

○ 나는 있고 상대방은 없는 물건은 무엇일까?

○ 그 물건이 없으면 곤란하지 않을까?

○ 많이 가지고 다니고 싶을 때는 없을까?

또 저는 머리가 짧아서 머리가 긴 사람에게도 많은 차이점과 의문점을 느낍니다.

○ 손질은 어떻게 할까?

○ 언제부터 길렀을까?

○ 귀찮거나 불편하지는 않을까?

○ 머리가 짧았던 적은 있을까?

○ 왜 기르기로 마음먹었을까?

공부 모임에 가보면 책상 위에 음료수가 2개인 사람이 있는가 하면 하나도 없는 사람도 있습니다. 저는 항상 하나만 준비하기 때문에 책상만 봐도 이러한 차이점과 의문점이 생기고 질문으로 이어집니다.

○ 왜 2개를 준비했을까?

○ 미니 사이즈로도 충분할까?

○ 음료수가 없는 사람은 목마르지 않을까?

처음 보는 옆 사람과 대화 계기를 만들고 싶어서 실제로 "마실 게 없어도 괜찮나요? 저는 하나도 없으면 불안해서요"라고 말을 건 적도 있습니다. 물어보면 상대방은 이유를 알려줍니다. "갈증을 잘 못 느끼는 체질이라서"라고 말하는 사람이 있는가 하면 "화장실이 걱정돼서"라고 말하는 사람도 있었습니다.

어떤 대답이든 저에게 정보를 제공해주는 내용입니다. 저는 마실 것을 필요로 하지 않는 사람의 마음을 몰랐는데, 직접 물어보고 나서야 비로소 그 이유를 알게 되었기 때문이죠.

이 밖에도 세련된 문구 용품을 가진 사람을 보면 메이커가 궁금하고, 여러 색상의 펜을 사용하는 사람이 있으면 필기법이 궁금합니다. 대화 계기로 "필통이 정말 예쁘네요. 어디 제품이에요?", "다양한 색상을 사용하네요. 노트는 어떻게 정리하세요?"라고 상대방에게 물어봅니다.

자신과는 다른 것, 모르는 것, 평소 선택하지 않는 것을 발견하면 '왜? 어떻게?'를 덧붙여보세요. 무엇이든 질문이 됩니다. 다만 성별이나 나이 등 본인이 어찌할 수 없는 부분에 대해서는 설령 차이점이나 의문점이 있더라도 '왜? 어떻게?'를 사용하지 않도록 합니다. 이러한 차이는 본인의 의사와는 상관없는 부분이기 때문에 질문을 하더라도 상대방이 이유를 말해주기 어렵습니다. 하지만 '나와 달리 이 사람은 왜 이것을 선택했을까?', '나와 달리 이 사람은 왜 이렇게 할까?'와 같은 차이점과 의문점은 질문의 계기가 됩니다.

질문이 너무 직접적이라고 생각되면 "저는 이러한 이유로 이렇게 하거든요", "조금 궁금해서요"와 같은 말을 덧붙여주면 좋습니다.

예컨대 가방에 관한 질문이면 "저는 물건이 자꾸 늘어나는데 작은 가방으로도 괜찮으세요?"라고 완충이 될 만한 문장을 넣어줍니다. 머리에 관한 질문이면 "저는 귀찮아서 툭하면 짧게 잘라버리는데 길면 손질이 힘들지 않나요?"라고 물어보면 상대방은 왜 그러한 질문을 하는지 쉽게 납득합니다. 이 방법이라면 여러분도 어려움 없이 대화를 시작할 수 있을 것입니다.

연상되는 정보에서
차이점과 의문점 찾기

◖·· 보이는 정보에서 보이지 않는 부분을 연상해 질문한다

　상대방의 겉모습에서 차이점과 의문점을 찾아 질문하는 방법 외에도, 눈에는 보이지 않지만 분명히 존재하는 자신과의 차이점과 의문점으로 대화를 시작할 수도 있습니다. 상대방의 모습에서 연상되는 정보를 이용하는 것입니다.

　예를 들어 평일 저녁에 정장 차림으로 모임에 나온 사람이 있으면 '근처에서 일이 있었구나', '근교에 사는구나'라는 연상이 가능합니다. 그렇다면 "퇴근하고 오는 길이세요?", "어떤 노선을 이용하세요?"라고 질문할 수 있습니다. 눈에 보이는 정보에서 한 발 앞을 상상해서 질문하는 것입니다.

일을 하는 사람이라면 반드시 휴일도 있을 것이므로 "쉬는 날은 어떻게 보내세요?", "술은 자주 드세요?"와 같은 질문도 가능합니다. 행사에서 만난 사람이라면 다른 행사에도 참여할지 모릅니다. 그 연상에 의지해 "몇 번째 참가인가요?", "이런 행사에 자주 오나요?"라고 자연스럽게 대화를 시작할 수 있습니다.

가족이나 직장 동료에게도 한 발 앞을 연상해 질문할 수 있습니다. 특히 매일 만나는 사람에게서 차이점과 의문점을 찾을 때는 상대방이 평소 최선을 다한다고 가정하고 생각하면 쉽습니다.

예를 들어 저녁 식사에 보기 드문 메뉴가 차려졌다면 "이 요리 힘들지 않았어? 어떻게 만든 거야?"라고 물으면 대화가 시작됩니다. 직장이라면 부하에게 "이 부분이 어려웠을 텐데 어떻게 한 거야?"라고 의문 앞에 추측의 완충재를 하나 넣어 말하면 좋습니다. 캐묻는다는 느낌을 주지 않으면서 새로운 대화를 시작할 수 있습니다.

일잘러의 말센스

불안이나 실수담을
대화 주제로 삼는다

◖‥ 불안과 긴장, 실수는 공유하기 쉽다

상대방의 겉모습이나 연상되는 정보와 관계없이 계기로 삼을 수 있는 주제가 있습니다. 바로 **자신의 불안이나 과거의 실수담으로 대화를 시작하는 것입니다.** 다짜고짜 관련 없는 자리에서 겪은 불안이나 실수를 이야기하면 상대방도 당황하겠지만 그 자리와 비슷한 사례를 이야기하면 자연스럽습니다.

제가 자주 꺼내는 이야기는 이렇습니다.

"이 세미나에 참가하는 건 처음이라 긴장되는데 몇

번이나 와보셨어요?"

"오늘 아는 사람이 전혀 없는데 친구와 함께 오신 분 있나요?" 또는 "여러분은 이곳에 아는 사람이 있나요?"

"아까 길을 잘못 들어서 엉뚱한 건물에 들어갔는데, 상당히 복잡한 곳에 있네요."

"메뉴가 너무 많아서 정말 고민돼요. 혹시 결정하셨어요?"

"가장 먼저 도착했는데 아무도 없어서 조마조마했어요. 참가자가 이렇게나 많군요."

저는 제가 주최하는 행사의 첫 방문객에게 "아무도 오시지 않아서 불안했는데 와주셔서 정말 감사합니다!"라는 말을 항상 합니다.

불안과 긴장, 실수는 많은 사람이 경험하는 일이기에 이어나가기 쉬운 주제입니다. 앞장서서 이야기한다면 자신의 긴장도 풀리고 상대방과도 대화하기 쉬워지므로 일석이조입니다.

자신이 먼저
대화를 시작해보기

▶·· 먼저 말을 거는 것은 친밀함의 표현

그렇다면 처음 만나는 사람이나 오랜만에 만나는 사람과의 대화 계기는 자신이 적극적으로 만드는 편이 좋을까요?

자신이 먼저 대화를 시작하면 상대방에게 나쁜 감정이 없고 친해지고 싶다는 의사를 전달할 수 있다는 장점이 있습니다. 자리에 따라서는 참가자 모두가 긴장해 분위기가 경직될 수 있습니다. 이때 앞에서 설명한 것처럼 자신의 불안이나 긴장을 털어놓는 것도 좋은 방법입니다. 분위기를 풀고 싶어 하는 상황에서 대화 계기가 제공되기 때문입니다. 좋은 자리를 만들고 싶다는 마음도 자연스럽게 전달됩니다.

몇 번 시도하다 보면 숙달이 돼서 '이렇게 말하면 상대방이 편안해하겠지', '이 이야기는 통할지도 몰라'라는 느낌이 옵니다. 이렇게 대화가 이어지는 소소한 성공담이 쌓이면 자신감이 붙습니다.

다만 자신이 먼저 자랑을 늘어놓거나 우월함을 강조하거나 상대방이나 참가자보다 위에 서려고 해서는 안 됩니다. 누군가가 그러한 종류의 이야기를 시작했을 때 맞장구를 치고 질문하며 대화를 시작할 수는 있지만 자신이 먼저 이야기하는 것은 피하는 게 좋습니다.

또 입을 뗄 수 없을 만큼 극도로 긴장했거나 주변을 배려할 여유가 없다면 굳이 나서서 대화의 물꼬를 틀 필요는 없습니다. 이때는 다른 사람에게 맡기세요. 굳이 떠맡지 않아도 됩니다.

상대방의
'첫 미소'를 노린다

◖·· 그 자리와 관련된 주제로 서로의 긴장을 푼다

처음 만나는 사람과 업무적으로 대화할 때는 서로 긴장한 나머지 좀처럼 편안해지기 어렵습니다. 이때는 '오늘 왜 이곳에 왔는지, 무엇을 이야기하고 싶은지'와 같은 이유가 말문을 여는 데 효과적입니다.

명함을 교환하기 위해 마주 서 있을 때나 자리에 앉을 때, 음료가 나와서 잠시 공백이 생겼을 때 "오늘 이러한 이야기를 들을 수 있으리라 기대하고 왔습니다", "메일로는 이렇게 여쭤봤는데, 이 부분에 대해 자세히 들을 수 있을까요?"라고 이유를 말하면 자연스럽게 본론으로 들어갈 수 있습니다.

오후 회의에서는 "이 주변은 어디에서 점심을 먹습니까?"라고 물으면 점심 사정에 대해 들을 수 있습니다. 또 지나가는 사람들을 보고 "젊은 사람이 많은 회사네요", "여성 비율이 꽤 높습니까?"라고 말을 꺼낼 수도 있습니다. 명함에서 특이한 성씨를 보면 "이미 수만 번 들어보셨겠지만 어디 출신인가요?"라고 물어보는 방법도 있습니다.

이때 가급적 상대방에게서 '오늘의 첫 미소'가 나올 법한 말을 생각해서 시도해보세요. 앞에서 말한 자신의 실수나 불안을 이야기하는 것도 효과적입니다.

명함의 경우 "특이한 성씨네요." "출신이?"라고만 말해도 의미가 충분히 전달돼 상대방이 이유를 말해줍니다. 다만 성씨가 특이하다 보니 사람들을 만날 때마다 성씨가 특이하다는 말을 듣고 수차례 출신지를 설명해왔을 것입니다. 그래서 저는 보이지 않는 부분을 연상해 "이미 수만 번 들어보셨겠지만"이라고 덧붙여 말합니다. 저도 결혼 전 성씨가 특이했기 때문에 이러한 질문의 빈도와 귀찮음에 대해 잘 알고 있어 '그래도 묻고 싶은데 알려줄 수 있을까요?'라는 의미를 '수만 번'이라는 단어로 표현합니다.

업무적으로 만나는 사람은 어렵기 마련이지만 서로 유익

한 자리로 만들려는 마음은 같기 때문에 행동이 다소 서툴더라도 이해해줄 가능성이 높습니다. 조금이라도 빨리 상대방에게서 '오늘의 첫 미소'를 꺼내게 만든다면 서로의 긴장도 그만큼 빠른 단계에서 해소됩니다. 다양한 방법으로 대화를 시도해보고 성공담을 쌓아보세요.

대화의 계기가 되는
차이점과 의문점 찾기

처음 만나는 상대방에게서 차이점과 의문점을 찾아내는 연습을 해봅시다. 제가 주최하는 듣기 세미나에서는 2명이 한 조가 되어 진행하는데, 매우 간단한 방법이라 혼자서도 언제 어디서나 해볼 수 있습니다. 지하철 안이라면 눈앞에 앉은 사람이나 옆에 선 사람을 대상으로 연습해보는 것도 좋습니다.

① 지금 자신이 있는 장소에서 주변에 있는 사람을 대상으로 한다. 대화할 수 없는 사람, 모르는 사람도 상관없다.

② 자신이 봤을 때 '나와 다르다', '왜 그것을 선택했

을까?', '왜 그렇지?'라고 생각되는 외적인 특징이
있었는가?

③ 2분간 ②번과 같은 차이점과 의문점을 최소 5가
지 찾는다.

④ 찾아낸 차이점과 의문점에 '왜? 어떻게?'를 덧붙
여 질문으로 만든다.

나와 다른 사람을 비교해보면 옷차림이나 소지품 취향
이 다를 수밖에 없습니다. '나와 달리 이 사람은 이것을 선택
했구나'라고 생각되는 물건을 몇 개고 찾아볼 수 있을 것입니다.
또 상대방의 모습에서 '휴일인데 왜 이렇게 지쳤을까?', '평
일 낮인데도 편안한 차림이네. 무슨 일을 할까?'처럼 다양
한 '왜'를 찾을 수도 있습니다.

이렇게 만든 질문을 당사자에게 전부 물어보기는 어려워
도 머릿속에서 질문 만드는 연습을 반복하다 보면 실제 대
화에서 관찰력이 높아지고 처음 만나는 상대방에게서 차
이점과 의문점을 찾아내는 능력도 단련됩니다. 이것이 습관
화되면 누구와도 자연스럽게 대화를 시작해볼 수 있을 것
입니다.

5장

**: 매끄러운 대화를 만드는
연결 질문**

▶ 대화에서 주목해야 할 다음 포인트는 '대화의 연결'입니다. 상대방의 대답에서 나온 내용에서 주목하면 자연스럽게 다음 질문으로 이어질 수 있습니다. 이 장을 통해 대화를 세세하게 분석하고, 어떻게 이어나가면 좋을지 구체적으로 알아봅시다.

왜 나쁜 대화를
하게 되는 것일까?

◀·· 적당한 반응이 있어야 자세한 대답을 들을 수 있다

앞에서 좋은 대화와 나쁜 대화의 패턴을 소개하며 대화의 계기도 함께 살펴봤습니다. 이번에는 대화의 '연결'과 이 때 필요한 질문 만들기 방법에 대해 설명하겠습니다.

먼저 나쁜 대화를 다시 살펴봅시다. 두 사람이 번갈아 발언하는 상황이지만 실제로는 대화라고 할 수 없는 일문 일답 형태입니다.

A: 좋아하는 음식이 무엇인가요? → **질문 1**

B: 핫케이크입니다.

A: 휴일에는 무엇을 하나요? → **질문 2**

B: 영화를 봅니다.

A: 어디 출신인가요? → **질문 3**

B: 도쿄입니다.

이것은 왜 대화가 아닐까요? A가 B의 대답에 전혀 반응하지 않기 때문입니다. 대화는 곧 활기를 잃을 것입니다.

상대방의 질문을 듣고 정확한 답을 찾아 말로 바꾸는 일은 매우 수고스러운 작업입니다. B 입장에서는 A가 애써 자신에게 질문해줬기 때문에 최선을 다해 대답을 생각합니다. 좋아하는 음식을 묻기에 '단 게 좋아. 핫케이크가 괜찮지'라고 생각하고 "핫케이크"라고 대답합니다.

하지만 A는 이야기에 맞추려는 B의 노력에 응하지 않고 관련 없는 다음 질문을 던집니다. 이번에는 휴일에 대해 묻기에 B는 재차 기억을 더듬어 몇 가지 항목을 떠올리고 그중에서 "영화를 봅니다"를 선택해 대답합니다. A는 이 대답 또한 무시합니다. 그사이 B는 A를 내 이야기에 귀 기울이지 않는 사람으로 판단하고 더 이상 대화에 진지하게 임하지 않게 됩니다. B에게 아무 이득이 없기 때문에 당연한 결과입니다.

사람은 질문을 받으면 최선을 다해 상대방이 원하는 대답을 생각하고 말합니다. 그런데 아무런 반응도 보이지 않는다면 과연 이렇게 대답하는 것이 맞는지, 상대방이 원하는 대답인지 전혀 알 수 없게 됩니다. 앞선 대화를 B의 입장에서 생각해보면, 애써 대답해도 다음 질문에서 전혀 다른 분야로 넘어가기 때문에 A가 원하는 내용과 목적이 불분명해지고 매우 불안해집니다.

또 대답에 반응이 없다는 사실에서 B는 A를 자신에게 관심이 없는 사람이라고 판단합니다. 직전에 주고받은 몇 마디를 보면, B가 좋아하는 음식이 핫케이크가 아니라 돈가스 덮밥이었어도 A에게는 아무 상관이 없었으리라 추측할 수 있습니다. 어차피 내용에 상관없이 "휴일은?" 하고 다음 질문으로 넘어가는 사람이니까요. B가 'A는 내게 관심이 없다', '대답에 반응이 없다', '무엇을 묻고 싶은지 모르겠다'라고 느끼면 그때부터는 진심으로 대화하려고 하지 않을 것입니다. 또한 A를 편하게 대할 가능성도 매우 낮아지겠죠.

문제는 A도 나쁜 의도로 이 패턴을 반복하는 것이 아니라는 점입니다. B의 기분을 상하게 하려는 것이 아니라 오히려 친해지고 싶어서 하는 질문일 테죠. 이때 A는 한 가지 큰 착각을 하고 있습니다. 그것을 깨닫고 생각의 방향을 돌리면 나쁜 대화는 좋은 대화로 바뀔 수 있습니다.

상대의 이야기에서
다음 말을 만든다

●·· 자기 자신보다 상대방의 대답에 집중하자

A의 큰 착각이란 대화를 나누는 동안의 시선입니다. 대화 중 A는 자기 자신에게로 시선이 향합니다.

A: 좋아하는 음식이 무엇인가요?
B: 핫케이크입니다.

이 대화에서 A는 무엇에 집중하고 있을까요? 아마도 '다음에는 뭘 묻지? 어떻게 하면 좋을까?' 하고 대화의 진행과 전개를 생각할 것입니다.

'내가 지금 제대로 대화하는 걸까?'

'B에게 좋은 인상을 심어줬을까?'

'날카로운 질문이라며 감탄했을까?'

물론 A의 기분도 이해됩니다. 어렵게 찾은 첫 질문에 B가 대답해줘서 다행이라고 생각하는 한편으로 이제 다음 질문은 어떻게 할지, 대화를 이어가려면 무엇을 물어봐야 할지 고민이 되겠죠. 말주변이 부족한 사람일수록 초조해집니다. 이러한 배려는 좋습니다. 하지만 이 때문에 정작 중요한 대화에는 집중하지 못합니다.

그래서 B가 무슨 대답을 하든 반응하지 못합니다. 대답이 머릿속에 들어오지 않기 때문입니다. 다음 말을 생각할 때 자신의 모습만 의식합니다. '잘 듣고 있다고 생각하게 만드는 기술이 뭐였지?', '대화가 끊기면 안 돼!' 하고 자신을 기준으로 생각하고 다시 새로운 질문을 합니다. 그리고 어렵게 생각해낸 질문은 B의 대답과는 전혀 다른 방향으로 튑니다. B가 애써 "핫케이크"라고 대답했는데 A는 자신의 생각에 사로잡혀 휴일에 관한 이야기로 넘어가는 것입니다.

과연 우리는 무엇을 위해 대화하는 걸까요? 자신은 대화를 잘한다고 보여주기 위해서일까요? 아니면 듣는 태도를 평가받기 위해서일까요? B는 A를 자신과의 대화를 즐기는 사람이 아니라 본인의 겉모습에만 신경 쓰는 자기중심적인 사람으로 생각할 수밖에 없습니다.

대화는 상대방이 기분 좋게 말하고 자신도 기분 좋게 들을 수 있도록 주고받기가 이뤄져야 합니다. 이를 위해서 우리가 집중해야 하는 것은 B의 대답이지 A가 만들어내는 자기 이미지가 아닙니다.

대화란 앞의 발언을 이어받아서 다음 질문으로 발전시키는 것입니다. 각자가 자유롭게 발언한다고 해서 대화는 아닙니다. 대화를 성립시키는 포인트는 상대방의 대답에 집중하느냐 아니냐에 달려 있습니다. 아무리 A가 '재미있는 이야기가 이어졌다', '이번에는 잘 들을 수 있었다'며 뿌듯해하더라도 B의 발언과 기분이 허공을 떠돈다면 '대화'라고 할 수 없습니다.

A는 상대방에게 잘 보이거나 대답을 잘하려고 애쓰지 않아도 됩니다. 눈앞에 제시된 대답에 몇 마디를 더하면 질문이 됩니다. 따라서 우리는 대화할 때 상대방의 대답에만 집중하면 됩니다. 듣는 사람의 시선은 자신의 모습이 아닌

상대방의 이야기를 향해야 합니다.

상대방의 대답을 듣고 연상되는 내용을 고스란히 질문으로 바꾸면 좋은 대화가 이뤄집니다. 그러면 화자는 '듣고 있다', '내게 관심이 있다', '내가 제공한 주제로 대화가 이어진다'는 안도감을 느낍니다. 이 안도감 덕분에 비로소 이 사람에게는 말해도 괜찮다고 생각하게 됩니다. 상대방의 대답에서 다음을 생각하는 듣기 방법은 요령만 알면 바로 실천할 수 있습니다.

대화를 전개시키는
연결 질문 만들기

◖·· 머릿속에 떠오르는 의문점은 저마다 다르다

지금부터는 상대방이 대답한 내용에서 차이점과 의문점에 주목하고, 여기서 떠오르는 연상을 이용해 '연결 질문'을 만드는 방법을 알려드리겠습니다. 기본은 앞서 설명한 '대화 계기'를 찾는 방법과 같습니다. 대화를 잘하려는 등 상대방에게 잘 보이려는 마음은 잠시 잊어주세요. 그럼 A와 B의 대화 예시를 통해 대화가 진행되는 과정을 자세히 살펴보겠습니다.

A: 오늘 아침에 무엇을 먹었나요? → **질문 1**

B: 생선구이와 밥을 먹었습니다.

이런 식으로 대화가 시작됐다면 이제 A는 B의 대답에서 다음 질문을 만들어야 합니다. **이때 A는 B가 대답한 '생선구이와 밥'에 대해서만 생각합니다.** 먼저 '생선구이와 밥'에서 연상되는 상황, 떠오르는 의문점에만 집중해보세요. 여러분은 B의 대답에서 어떠한 의문점이 떠올랐나요? 무슨 내용이든 좋습니다.

A는 B의 대답에서 다음과 같은 차이점과 의문점을 떠올렸습니다.

　　　○ 무슨 생선일까?

　　　○ 일식을 좋아할까?

　　　○ 아침밥은 항상 먹을까?

　　　○ 얼마나 먹을까?

　　　○ 나는 일식이나 생선을 그다지 좋아하지 않는다.

　　　○ 나는 아침 식사를 매일 하지는 않는다.

　　　○ 나는 아침에 식욕이 없다.

차이점과 의문점에 '왜?', '어떻게?'를 더하면 질문이 됩니다. 무엇을 연상하든 옳습니다. 아마 열 사람이 있으면 열 사람 모두 다른 의문점을 떠올리겠지만 A의 경우 앞과 같은 내용을 생각했습니다. A는 떠올린 의문점 가운데 '아침밥은 항상 먹을까?'를 선택해서 물어보기로 했습니다.

> A: 오늘 아침에 무엇을 먹었나요? → 질문 1
> B: 생선구이와 밥을 먹었습니다.
> A: 아침밥은 항상 먹나요?
>   → 질문 2(먹었다는 대답과 연관된 질문)
> B: 네, 거의 매일 먹습니다.

B에게서 "매일 먹는다"는 대답이 돌아왔습니다. 자, 이제 어떠한 의문이 연상되나요? 답은 정해진 것이 아니므로 안심하고 마음껏 생각해보세요. "생선구이와 밥", "아침밥을 매일 먹는다"는 B의 대답에만 집중합니다. 질문을 잘해야 한다는 생각을 버리세요.

A는 다음과 같은 의문점을 연상했습니다.

○ 몇 시에 일어날까?

○ 누가 차릴까?

○ 빵을 먹는 날도 있을까?

○ 어릴 적부터의 습관일까?

아침밥을 매일 먹지 않는 A의 시점에서는 B의 대답에 온통 차이점과 의문점투성이입니다. A는 몇 가지 떠오른 의문점 가운데 이번에는 "몇 시에 일어날까?"를 선택해서 질문을 이어갑니다.

A: 오늘 아침에 무엇을 먹었나요? → 질문 1

B: 생선구이와 밥을 먹었습니다.

A: 아침밥은 항상 먹나요?

  → 질문 2(먹었다는 대답과 연관된 질문)

B: 네, 거의 매일 먹습니다.

A: 몇 시에 일어나나요?

  → 질문 3(매일 먹는다는 대답과 연관된 질문)

B: 6시에는 일어납니다.

오늘 아침에 무엇을 먹었나요?

생선구이와 밥입니다.

대화를 이어가기 위한 질문 리스트

o 어떤 생선인가?

o 일식을 좋아하는가?

o 아침밥을 항상 먹는가?

o 얼마나 먹는가?

아침밥은 항상 먹나요?

네, 거의 매일 먹습니다.

대화를 이어가기 위한 질문 리스트

o 몇 시에 일어나는가?

o 차려주는 사람이 있는가?

o 빵을 먹는 날도 있는가?

o 어릴 적부터의 습관인가?

몇 시에 일어나나요?

6시에는 일어납니다.

 대화와 연상의 관계

상대방의 대답을 듣고 떠올리는 차이점과 의문점은 사람마다 다르다.
떠올린 의문점 가운데 원하는 것을 골라 질문하면 대화가 이어진다.

이제 어떤 의문이 떠오르나요? "어떻게 아침에 일찍 일어날까?", "예전부터 그랬을까?"처럼 일찍 일어나는 행위와 관련된 의문이 생길지도 모릅니다. 아니면 "생선은 아침에 구울까, 전날 먹고 남은 것일까?", "밥은 아침에 할까?"처럼 조리법과 관련된 질문도 있습니다. 이 중에서 다시 원하는 것을 골라 질문하면 대화가 자연스럽게 이어질 것입니다.

보통 우리는 상대방의 말을 들으면 자신의 경험이나 관심과 연결 지어 연상합니다. 대화 중에 막히거나 새로운 질문이 나오지 않아서 고민이라면 떠오른 연상을 말로 바꾸면 됩니다. 대화에 활기를 불어넣거나 상대방에게 잘 보이려는 욕심은 연상을 방해합니다. 대화 중에는 욕심을 내려놓고 상대방의 대답에서 떠오르는 것만 생각하세요.

정리하자면 다음의 3단계를 실천하면 누구나 '연결 질문'을 할 수 있습니다.

① 상대방의 대답을 듣고 떠오르는 차이점과 의문점을 생각한다.

② 떠오른 생각 중 가장 묻고 싶은 질문을 묻는다.

③ 이 의문점에 '왜' 또는 '어떻게'를 덧붙인다.

이 과정을 반복하면 상대방과 주고받는 대화를 계속해서 이어갈 수 있습니다.

심리적 부담감을
줄이는 질문법

🎙️·· "그 말은", "그렇다는 건", "그럼"은 대화를 연결하는 만능
문구

질문을 계속하면 캐묻는 것처럼 보일까 봐 걱정하는 분
도 있습니다. 이때는 쿠션어를 넣으면 질문이 부드럽게 들
립니다. 쿠션어에는 다양한 종류가 있습니다.

 ○ 저는 이러한데…
 ○ 이런 사람도 있을 것 같은데…

조금 전 음료수 이야기에서 문장 맨 앞에 붙인 "저는 하
나도 없으면 불안해서요"라는 말도 쿠션어입니다. 생선구이

이야기에서도 "저는 아침을 먹지 않고 나오는데 아침 식사를 매일 하세요?"라고 물으면 자연스럽게 들립니다. 왜 그러한 의문이 들었고 지금 당신에게 묻는지 그 솔직한 마음을 "실은 이렇습니다"라고 말로 하면 됩니다.

또 절대로 '상대방의 대답에서 벗어나지 않는 질문'으로 바꿀 수 있는 편리한 접속어도 있습니다.

　○ 그 말은…
　○ 그렇다는 것은…
　○ 그럼…

이러한 말로 시작했다면 반드시 상대방의 대답과 이어지는 문장을 써야 어색하지 않습니다. 따라서 질문으로 바꿔도 실패할 일이 없습니다.

아침 식사 예시에서 "그 말은 매일 일찍 일어난다는 건가요?", "그렇다는 것은 누군가 항상 아침을 차려주시겠네요?", "그럼 상당히 습관이 들었겠군요?"와 같은 질문이 가능하며 대화의 바통을 상대방에게 바로 넘길 수 있습니다.

결국 활발한 대화의 원칙은 매우 간단합니다. 상대방의

이야기를 듣고 연상한 차이점과 의문점으로 질문을 만들기만 하면 됩니다. 사람마다 떠올리는 생각이 다르기 때문에 질문에 따라 대화의 방향도 다양해지며, 이러한 차이가 대화의 즐거움을 낳습니다.

간단한 방법이면서 상대방의 대답에만 주목하면 되므로 듣는 사람의 심리적 부담도 줄어듭니다. 대답을 듣고 연상한 내용으로 질문하기 때문에 상대방은 듣는 사람이 자신의 대답에 귀 기울인다고 느끼고 안심합니다. 그리고 반드시 화자가 제시한 주제로 대화가 전개되기 때문에 기분 좋게 말할 수 있습니다.

10퍼센트만
말해도 충분하다

◖•• 말주변이 없다고 위축될 필요가 없다

　말하기 좋아하는 사람은 상대방보다 자신의 말이 길어지면 대화에 실패했다고 느낍니다. 10퍼센트만 말하는 '잘 듣는 사람'이 되려고 했으나 대화의 주도권을 쥐고 50퍼센트 이상 말하는 일은 종종 있습니다.

　이럴 때는 자신이 대화 중에 '바통 하나'를 들고 있다고 상상해보세요. 듣는 사람이 질문할 때는 듣는 사람이 바통을 들고, 화자가 대답할 때는 화자가 바통을 들고 서로 주고받는다고 상상하는 것입니다. 스스로 말이 너무 많다고 느끼면 가급적 빨리 이 바통을 상대방에게 넘기는 데 집중합니다. 무심코 "저는… 해요"라고 자신의 이야기를 할 것 같으면 곧장 "당신은 어떤가요?"라고 물으며 바통을 상대방에게 건네보는 것입니다.

반대로 말주변이 없는 사람은 '재미없는 사람으로 보일지도 몰라', '조용한 사람으로 오해받기 싫어'라고 생각하면서도 좀처럼 입을 열지 못해 한마디도 하지 않는 경우가 있습니다. 말을 많이 하지 않으면 '소극적이고 생각 없는 사람으로 여겨진다', '무리에서 소외당할지도 모른다'라고 앞으로의 손해를 두려워하기도 합니다. 대화가 전혀 없는 상태에서 어떻게 해야 할지 항상 걱정하는 유형입니다.

만약 같은 공간에 있는 사람이라면 그곳에 있는 목적도 동일할 테니 그와 관련해 질문해보세요. 예를 들어 협상 전에 탄 엘리베이터에서 무슨 말이든 해야 할 것 같다면 협상과 관련된 내용을 이야기하면 됩니다. 질문으로 만들기 어려우면 화제로만 삼아도 충분합니다.

"보내주신 자료가 잘 정리돼 있어서 큰 도움이 됐습니다."

"○○ 과장님은 오늘 바쁘시다 들었는데 와주셔서

감사합니다."

"오늘 ○시까지는 끝내려고 하는데 이후에 일정이 있으신가요?"

이처럼 협상과 관련된 내용으로 대화합니다. 다만 이마저도 말하기 어려운 상황이라면 무리하지 않아도 됩니다. 무리하면 그것이 상대방에게도 전해져 말주변이 없는 사람은 더욱 말하기 어려워지는 상황에 빠집니다.

말을 하지 않으면 손해라고 생각할지도 모릅니다. 하지만 말이 너무 많아서 자기 말만 하는 사람으로 보이는 것보다는 낫습니다. 말을 하지 않는다고 해서 굳이 지적하는 사람은 거의 없으니까요. 또 말주변이 없으면 상대방에게 쓸데없이 나쁜 인상을 남기지 않는다는 장점도 있습니다. 이것은 강요를 피하는 경청의 태도와 매우 가깝다고 할 수 있습니다.

잘 듣는 사람으로서
전념하는 시간을 정한다

☾‥ 일단은 설정한 시간 동안만 경청하도록 한다

또 하나, '잘 듣는 사람'에 전념하기 위해 꼭 필요한 것은 '시간 나누기'입니다. 24시간 잘 듣기는 불가능합니다. 사람은 누구나 말하고 싶은 욕구가 있어 종일 듣기만 하면 스트레스가 쌓이기 때문입니다.

듣는 일을 하는 사람, 예를 들어 작가나 카운슬러, 컨설턴트도 이야기를 듣는 시간에 반드시 제한을 둡니다. 이러한 전문가들이 잘 듣는 이유는 시간제한이 있기 때문입니다. 듣기 전문가들은 정해진 시간에만 잘 듣고 개인적인 시간에는 어딘가에서 자신의 이야기를 합니다. 고객이 그 모습을 알지 못할 뿐입니다.

일반 사람들도 마찬가지입니다. '항상 경청하자', '전부 받아들이자'라고 생각해도 타고난 성격이 그렇지 못하면 괴로워집니다. 이 괴로움은 대화로 전달돼 '제대로 안 듣잖아' 하고 상대방을 불안하게 만듭니다. 즉, 피라미드의 1층이 흔들리게 됩니다.

이때 효과적인 방법이 '시간 나누기'입니다. 대화하기 전 자신이 '잘 듣는 사람'으로 행동하는 시간을 설정하는 것입니다. 시간은 무리되지 않는 범위면 괜찮습니다. 단 몇 분도 상관 없습니다.

- 회사 점심시간에 동료와 담소를 나눌 때 처음 5분 동안은 듣기만 한다.
- 저녁 식사 때 처음 10분은 아이가 하는 말에 집중한다.
- 교류회나 친목회에서 처음 20분은 다른 사람의 말을 듣는다.
- 10분은 길게 느껴지므로 3분만 시도해본다.

단 몇 분이라도 좋으니 스스로 시간을 정하고 그 시간 동안은 상대방의 대답에 집중하며 오로지 듣기만 합니다. 10분으로 정했으면 10분, 2분으로 정했으면 2분, 설정한 시간 동안은 듣는 사람이 되어 자신의 지식을 넓힌다고 생각하세요. 그리고 상대방에게서 되도록 많은 차이점과 의문점을 찾아 질문해보세요.

대화를 나누다 보면 무심코 "그건 알아"라든지 "얼마 전에 나도" 하고 자신의 이야기가 하고 싶어질 수도 있습니다. 이때는 질문을 조금 다듬으면 극복할 수 있습니다.

"나도 아는데 너는 어떻게 알았어?"
"얼마 전에 나도 가봤는데 너는 뭐가 가장 마음에 들었어?"

자신이 하고 싶은 말을 넣은 다음 "당신은?" 하고 이야기의 바통을 넘기는 것입니다. 듣기 전문가들은 이런 방식으로 1시간이고 2시간이고 대화를 이어갑니다. 물론 설정한 시간이 길게 느껴지면 참지 않아도 됩니다. 지치지 않고 기분 좋게 들을 수 있는 범위로 시간을 설정해보세요.

의견을 말하고 싶어 견딜 수 없다면 설정한 시간이 끝나고 합니다. 듣는 사람에 전념하는 시간을 5분으로 정했다면 6분부터는 자신의 이야기를 해도 된다는 뜻입니다. 신기하게도 언제 자기 의견을 말할 수 있을지 모르면 초조하고 입이 근질거리는데, 6분부터 말할 수 있다고 생각하면 5분간은 상대방의 이야기를 기분 좋게 들을 수 있습니다.

말주변이 없고 대화에 서툰 사람이라면 처음에 설정한 시간이 길게 느껴질 수도 있습니다. 그렇다면 무리하지 말고 경청하는 행위를 멈춰도 됩니다. 이렇게 하더라도 듣는 사람이 되어 이야기를 듣는 동안 얻게 된 새로운 정보가 있을 것입니다.

대화 전에는 몰랐지만 대화 후 알게 된 정보가 하나라도 있다면 그 대화는 성공입니다. 다음에 도전할 때는 지금보다 조금이라도 더 경청할 수 있도록 노력해보세요. 시간이 늘어난다면 그것도 성공 경험입니다.

해서는 안 되는
질문이 있을까?

● ·· 연상에서 개성이 드러난다

 해서는 안 되는 질문이 있다고 생각하는 사람이 있습니다. 하지만 저는 모욕이나 비방이 아니라면 어떠한 연상에서 나오는 질문은 전부 괜찮다고 생각합니다.

 생선구이 대화에서 '스쿠버다이빙'이나 '열대어'를 연상했더라도 이 연상은 듣는 사람의 경험과 관심에서 비롯된 개성입니다. 평소 그쪽에 관심이 없는 사람이라면 생각하지 못하는, 오히려 대화가 아무도 경험하지 않은 재미있는 방향으로 흘러갈 가능성이 있습니다.

 그리고 이것은 결코 나쁜 대화로 이어지지 않습니다. 질문으로 '당신의 대답에서 나는 이러한 것을 생각했다'라고 확실히 증명할 수 있기 때문입니다. 이어지는 질문이 생각지도 못한 것이어서 놀랄 수는 있지만 상대방이 '나를 배려하지 않는다'고 불안하게 생각할 일은 없습니다. 좋은 대화의 범주에 들어갑니다.

대화의 발단이 상대방이 가지고 있는 스마트폰일 때도 다양한 연상이 이뤄집니다. 스마트폰을 바꾸려고 고민하는 사람이라면 "통신사는 어디인가요?", "저렴한가요?", "사용하기 편리한가요?"와 같은 의문점을 떠올릴 것입니다. 만약 아이에게 스마트폰을 사주려고 생각하는 사람이라면 "자녀도 스마트폰이 있나요?", "사용하는 데 어떤 규칙이 있나요?"라고 묻고 싶을 것입니다. 또 귀여운 것을 좋아하는 사람이라면 스마트폰 자체보다는 스트랩이나 색상에 관심을 두고 "왜 이 색상을 선택했나요?", "스트랩은 어디에서 샀나요?"라고 물을지도 모릅니다.

듣는 사람의 경험과 취향에 따라 의문점은 다양한 형태로 나타나며 잘못된 생각은 하나도 없습니다.

자신의 의견을
주장하고 싶을 때 대처법

◖·· 설정한 시간 동안은 상대의 생각을 가만 들어본다

대화를 나눌 때 설정한 시간 동안은 부정하거나 토론하지 않도록 주의해야 합니다. 대화와 토론은 다르기 때문입니다. 이야기를 듣다가 의견이 떠오르면 무심코 상대방에게 꺼내놓고 토론을 벌이는 일이 있습니다. 그러면 애써 잘 듣고자 했던 노력이 무색하게 누가 듣는 사람인지 불분명해집니다.

자신과는 다른 가치관에 의견이 말하고 싶어질 때, 이런 생각을 하지 않았나요?

○ 그 방법은 틀렸어, 이렇게 해야 해.

○ 내가 더 잘 알아, 더 자세하게 알려주고 싶어.

○ 더 재미있는 이야기가 생각났는데 말하고 싶어.

이러한 감정과 생각 자체가 잘못은 아닙니다. 상대방의 이야기를 듣고 자극을 받아 떠올린 소중한 발상이고 생각입니다. 하지만 우리가 듣는 사람으로 있고자 했던 시간은 무엇을 위한 시간일까요?

우리가 설정한 시간은 상대방이 기분 좋게 말하고 자신은 즐겁게 듣는 시간, 가능하면 새로운 정보로 자신의 지식을 넓히기 위한 시간입니다. 결코 상대방의 생각을 반박하거나 자신의 우위를 보여주기 위한 시간이 아닙니다.

자신의 이야기를 하고 싶어 견딜 수 없다면 듣는 사람으로 전념하는 시간이 너무 길게 설정된 탓일 수 있습니다. 자신을 통제할 수 있는 시간으로 줄이고 그 시간에는 오로지 듣는 데 집중해보세요. 단 2분이라도 잘 듣는 사람이 될 수 있습니다. 만약 자신과 다른 의견을 마주했다면 앞서 설명한 차이점과 의문점에 주목해보세요. 부정하거나 토론하는 대신 오히려 대화의 소재로 삼는 것입니다.

극단적인 예시지만 만일 반사회적인 직업을 가진 사람과

는 어떻게 대화하는 것이 좋을까요? 저는 '이렇게 하면 되는데'라거나 '내가 맞지 않을까'라고 생각하면서 의견을 말하고 싶어질 것 같습니다.

하지만 이때야말로 차이점과 의문점에 주목해주세요. 상대방도 초등학생이나 중학생 때까지는 분명 학교에 다녔을 것입니다. 그런데 어쩌다 그 직업에 흥미가 생겼고 해보자고 생각하게 된 계기가 있습니다. 하지만 저는 그러한 기회와 경험이 없기 때문에 알지 못합니다. 이것이 바로 상대방과 나의 차이점이고 의문점입니다. 이것을 물어보면 됩니다.

설정한 시간 동안은 왜 그 직업을 선택했는지에 대해 듣습니다. 그 직업이 옳은지 그른지는 논외로 하고 사실만을 받아들입니다. 분명 그 사람은 저로서는 생각지도 못하는 이유로 그 길을 선택했겠죠. 어쩌면 형제가 권유했을 수도 있고, 자포자기의 심정으로 선택했을지도 모르며, 멋있다고 생각했을 수도 있습니다. 이유를 알게 되면 제 마음에 지금까지 없었던 '그 직업을 선택한 이유'라는 새로운 지식과 정보가 생깁니다. 경험하지 않아도 경험자에게서 생각과 과정을 배우며 유사 체험을 해볼 수 있습니다. 이것이 듣는 사람의 묘미입니다.

반복해서 말하지만 설정한 시간이 지나면 자신의 의견을 말해도 됩니다. 저라면 "다른 길을 찾아보는 게 좋아요"라고 조언할지도 모르겠습니다.

설정한 시간 동안만이라면 누구나 듣는 사람이 될 수 있습니다. 무심코 상대방을 부정하거나 토론을 벌였던 사람일수록 이 방법으로 다양한 정보를 얻어보세요.

침묵도 대화의
일부로 여긴다

침묵은 두려움의 대상이 아니다

이야기를 들을 때 침묵을 어떻게 다뤄야 할지 고민하는 사람이 많습니다. 그런데 침묵이 마냥 나쁜 것은 아닙니다. 사람이 하는 대화에는 기복이 있어 이야기가 진행되며 점점 가속화되는 시간도 있고, 흐름이 느려지고 서로 아무 말도 하지 않는 시간도 있습니다. 이 2가지가 뒤섞인 대화가 자연스럽습니다.

화자와 듣는 사람의 조합도 다양합니다. 단순화해도 다음처럼 4가지 패턴이 나타납니다.

① 듣는 사람이 적극적 × 화자가 적극적

② 듣는 사람이 소극적 × 화자가 적극적

③ 듣는 사람이 적극적 × 화자가 소극적

④ 듣는 사람이 소극적 × 화자가 소극적

패턴 ①과 ③은 듣는 사람인 자신이 적극적으로 발언하고 질문할 수 있기 때문에 어느 정도 전체 발언량이 예상됩니다. 다만 패턴 ③에서 침묵이 찾아왔을 때는 상대방의 속도나 말투를 보고 굳이 말하지 않는 선택도 가능합니다.

듣는 사람인 자신이 말주변이 없다고 느끼는 패턴 ②와 ④에서도 걱정할 필요가 없습니다. 패턴 ②에서는 상대방이 뭔가 주제를 제공해줄 가능성이 높습니다. 그 이야기에서 새롭게 차이점과 의문점을 찾아내면 됩니다. 패턴 ④에서는 서로가 대화에 서툰 경우가 많으므로 끊임없이 말하기보다는 잠시 휴식을 취하는 편이 오히려 나을 수도 있습니다.

저는 지나치게 조용해지면 "이야기가 멈췄네요"라고 웃으며 말을 꺼냅니다. 그러면 상대방도 "그렇네요"라고 한숨 돌리고 새로운 대화가 시작되기도 합니다. 결국 침묵은 두려워할 대상이 아니라 대화 사이의 쉼표인 셈이죠.

대화에 서툰 사람은 '이야기가 도중에 끊기면 어쩌지?'
라는 걱정을 자주 합니다. 어렵게 이야기를 시작해서 어떻
게든 이어갔지만 도중에 끝나버렸다면 도대체 어떻게 하면
좋을까요?

한 번 대화가 이어지면 상대방과의 사이에 침묵이 생기더라도
관계는 대화 전으로 돌아가지 않고 '한 번 대화한 사람'으로 남
습니다. 관계를 구축하며 주변에 있는 동안은 침묵의 시간
도 대화의 일부입니다. 대화 자체는 끊어지지 않았다고 생
각해도 됩니다. 하지만 도저히 침묵을 견디기 힘들거나 자
신이 먼저 말하는 편이 낫다고 판단되면 연결어를 이용해
새롭게 대화를 시작할 수 있습니다.

- 전혀 다른 이야기지만
- 다른 이야기라 죄송하지만
- 그러고 보니
- 이것도 조금 궁금했는데요

이러한 말을 이용하면 다음 대화를 시작할 수 있습니다.
뒤에 이어지는 말은 처음 대화 계기를 만드는 것과 같은

방식으로 생각하면 됩니다.

질문에 대한 상대방의 대답이 한마디뿐이라 대화가 이어지지 않을 때도 초조해하지 마세요. 그것이 오늘 상대방의 페이스이므로 43페이지 그림에 나타난 미지의 흰색 영역을 만났다고 생각하고 '이런 페이스를 가진 사람도 있구나' 하며 상대방에게 맞추는 것이 가장 좋습니다. 궁금한 점에 대해서만 묻고 이후로는 말하지 않아도 됩니다.

가장 좋지 않은 행동은 어떻게든 공백을 메우려고 자신의 이야기로만 시간을 채우는 것입니다. 이야기가 정말로 재미있다면 모를까, 애초에 대화에 서툰 사람에게는 어려운 일입니다. 침묵도 대화의 일부로 받아들이고 '묻고 싶어지면 묻는다'고 생각하는 편이 훨씬 도움이 됩니다.

획득한 정보는
마지막에 확인한다

◖·· 새로운 정보를 하나라도 들으면 그 대화는 대성공이다

　듣는 사람이 되면 얻는 것이 많습니다. 대화 후에는 꼭 대화 내용을 되돌아보는 시간을 가져보세요. 일단은 대화에서 얻은 새로운 정보를 노트나 스마트폰에 적어봅니다.

　여기서 말하는 새로운 정보란 '그 대화가 아니었으면 알지 못했을 모든 것'입니다. 아주 사소한 것이라도 상관없습니다. 앞의 예시에서 "행사 중에 마실 것이 없어도 되는가?"라는 질문에 "화장실에 자주 가고 싶어지기 때문에 마시지 않는다"라는 대답이 제게는 새로운 정보입니다.

　몰랐던 지명이나 교통수단, 가게의 이름이나 위치도 상대

방과 대화하고 처음 알았다면 새로운 정보가 됩니다. 처음 들었거나 이름만 들었던 직업에 관해 일부를 알게 되었다면 이것도 대화를 통해 얻은 새로운 정보입니다. 자세한 업무 방식에 대한 정보가 아니어도 됩니다. '이런 직업도 있구나'라고 생각했다면 새로운 정보이고 상대방이 "이런 작업이 힘들다", "이런 고객이 있다"라고 불평한다면 '이 직업은 이런 고충이 있구나'가 새로운 정보입니다. 이러한 정보를 하나라도 얻었다면 그 대화는 대성공입니다.

예전에 듣기 세미나에서 2인 1조로 연습할 때 한 남성이 상대방 여성에게 립글로스에 대해 물은 적이 있습니다. 립글로스는 입술에 바르는 화장품으로 립스틱처럼 색을 입히는 것이 아니라 젤 따위로 입술에 윤기를 더하는 물건입니다. 여성이라면 대부분 알지만 남성은 모를 수 있습니다. 그때도 쇼핑에 관한 이야기를 나누다가 '립글로스란 무엇인가?'라는 의문이 생겼고 "왜 입술을 반질반질하게 하는가?", "어디에서 살 수 있는가?", "종류가 다양한가?" 등으로 질문이 확대됐습니다.

이 사례에서는 립글로스라는 화장품의 존재와 역할이 남성이 얻은 새로운 정보입니다. 질문한 덕분에 남성은 립글로스라는 물건에 대한 새로운 지식을 얻었습니다. 여성도 '립글로스는 남자에게 생소한 물건이다'라는 새로운 정보를 얻었습니다.

대화마다 무엇을 얻었는지 잊지 말고 적어두고 확인하면 다음 대화에서 듣는 사람이 되는 시간이 기다려집니다. 어쩌면 단 한 번 주고받은 대화만으로도 "그건 몰랐어!"라는 이야기를 듣게 될지도 모릅니다. 이 상황이 반복되면 듣는 시간이 즐거워집니다. 동기 부여를 위해서라도 대화가 끝나면 꼭 새로운 정보를 정리해보세요.

대화를 이어주는
차이점과 의문점 찾기

여기서는 대화 중 바로 '연결 질문'을 만들 수 있도록 상
대방의 대답에 집중하는 연습을 해봅니다. 이 작업은 두
사람이 진행합니다. 가정이나 직장에서 대화를 나눌 때도
실천할 수 있으며, 제가 개최하는 듣기 세미나에서는 2분
간의 제한 시간을 설정하고 진행합니다.

① 먼저 자신이 듣는 사람에 전념하는 시간을 설정
   한다.
② 상대방과의 차이점과 의문점을 찾아 질문으로
   만들고 상대방에게 묻는다. → 계기 질문
③ 상대방의 대답에서 새로운 의문점을 찾는다.

→ 연결 질문

　④ 떠오른 의문점에서 하나를 골라 '왜? 어떻게?'를
　　　덧붙여 질문으로 만든다.

　⑤ ④에서 만든 질문을 상대방에게 물어본다.

　이후 설정한 시간 동안 ③~⑤를 반복합니다. 처음에는
의문점을 제대로 포착하지 못하거나 질문을 망설여서 ③에
서 ④를 실행하는 데 시간이 걸릴 수 있습니다. 하지만 의식
해서 연습하다 보면 연상되는 선택지가 늘어나고 어떠한 질문을
할지 판단하기까지의 시간이 짧아집니다.

　저는 세미나에서 화자 역할을 하는 사람에게 듣는 사람
을 위한 연습이 되므로 만약 상대방이 질문을 머뭇거리더
라도 잠시 기다려달라고 조언합니다. 여러분도 연습할 때
화자 역할을 하는 사람에게 '듣는 사람이 되는 연습이므로
질문하기까지 시간이 조금 걸릴 수 있다'고 미리 알려주고
진행해보길 바랍니다.

3부

STEP 3

대화의 주도권을 잡는
상황별 말하기 기술

자신의 페이스를 잃지 않고 유연하게 대처하는 법

▶대화에서는 다양한 상황이 발생합니다. 이 장에서는 일상에서 마주치는 대화 장면이나 곤란한 상황을 제시하고, 어떻게 행동하고 생각하면 좋을지 살펴봅니다. 기본적으로 애쓰거나 무리하지 않으면서 자신만의 페이스대로 대화를 이어나가는 것이 무엇보다 중요합니다.

① 여러 사람과
   대화할 때

3명 이상이 있을 때는 중간 역할에 충실하자

지금까지는 일대일로 대화하는 상황을 가정했지만 실제 생활에서는 여러 사람과 대화하는 일도 적지 않습니다. 교류회나 식사 모임에서 다수가 둘러앉아 대화하고, 회사 점심시간에 동료나 선후배가 뒤섞여 대화하고, 가족이나 친척이 모여서 대화하는 등 여러 상황이 발생할 수 있습니다.

듣는 사람으로서 모든 사람과 반드시 일대일로 충분히 대화해야 한다는 법은 없습니다. 사람이 많은 자리에서는 그 상황에 알맞은 듣기 방법이 있습니다. 바로 조력자에 전념하는 것입니다.

예를 들어 회사 점심시간에 A와 B, C, 자신까지 네 사람이 모여 대화한다고 해봅시다. A가 쉴 새 없이 떠드는 바람에 다른 사람에게는 발언할 기회가 없는 상황은 흔히 일어납니다. A를 제외한 사람들은 지루함을 느끼겠죠. 이때 듣는 사람은 A를 제외한 사람들에게 말을 붙이는 역할을 담당합니다.

A의 이야기를 듣다가 '이건 B도 알 텐데', 'C도 며칠 전 다녀왔다고 했어'라는 생각이 들면 바로 "그러고 보니 B도 ○○를 알죠?", "C도 며칠 전 다녀오지 않았어요?"라고 말을 건넵니다. 그러면 주제를 건드리지 않으면서 대화의 바통을 옮길 수 있습니다. B와 C도 자신의 정보를 꺼내놓으며 대화에 참여하게 됩니다.

자신이 재미있는 이야기를 하면 좋겠지만 어려울 때는 모든 사람의 듣는 사람 역할에 전념하면 심리적 부담 없이 분위기를 회복시킬 수 있습니다. 이 또한 잘 듣기로 설정한 시간 동안에만 행동하면 됩니다.

② 대화에 끼지 못할 때

🗨️·· 무리하지 말고 당당히 듣는 사람으로 행동한다

여러 사람이 대화하는 자리에서 무리에 끼지 못해 고민하는 사람도 있습니다. 앞에서 설명한 조력자에 전념하는 방법은 대화에 참여하기 쉬울 때의 해결책일지도 모릅니다. 만약 조금 소외감을 느끼는 상황이라면 3가지 해결 방법이 있습니다.

첫 번째는 옆에서 경청하면서 정말 알고 싶었던 일에 대해서만 "저 죄송하지만" 하고 말을 붙이는 방법입니다. 대답을 듣고 나면 다시 물러나서 "아아", "그렇군요"라고 듣는 사람으로 일관하며 다른 사람의 이야기를 듣습니다.

대화에 서툰 사람일수록 무리에 섞여 대화 소재를 제공하기는 어려울 것입니다. 누군가 말을 걸어와서 당황스럽다면 "○○는 어때요?"라고 되묻는 것도 하나의 방법입니다. 무리하지 말고 듣는 사람으로서 할 수 있는 범위 내에서 대화를 즐겨보세요.

두 번째는 굳이 무리에 끼지 않고 곁에서 이야기를 듣는 방법입니다. 사실 듣기만 해도 듣는 사람으로서 얻는 이득은 많습니다. 대화 무리에 끼어들기 어렵다고 느낀다면 분명 자신에게 '친숙하지 않은 사람들'에 의한 '모르는 세계'로 구성돼 있을 것입니다. 따라서 듣고만 있어도 새로운 정보가 귀에 들어옵니다. 모르는 단어를 듣거나 연결고리 하나를 안 것만으로도 무리 옆에서 귀 기울인 보람이 있습니다.

세 번째는 무리 바깥에 있는 사람과 일대일로 대화하는 방법입니다. 마찬가지로 소외감을 느끼고 있을 테니 "저는 잘 몰라서"라고 운을 뗀다면 이야기가 펼쳐질 가능성이 있습니다. 이 사람과의 차이점과 의문점에 집중해 무리와는 다른 자리에서 대화를 이어갑니다. 이 대화에서 얻을 수 있는 새로운 정보도 분명 있습니다.

적극적인 참여자가 많은 모임에서는 모두가 자기 어필에

치중해 받아주는 사람이 적기 때문에 들어주기만 해도 귀한 존재일 수 있습니다. 또 모임을 주최하는 입장에서는 참가비를 지불하고 그 자리에 와준 것만으로도 감사할 따름입니다. 직전에 취소하거나 결석하는 사람도 많으니까요.

대화에 참여해 분위기를 띄우지는 못하더라도 참가자의 일원이 되는 방법으로 자리에 공헌하는 경우는 많습니다. 무리 바깥에서 이야기를 듣는 방식은 그 일환입니다. 참가자가 많다면 발언은 자신 있는 누군가가 도맡습니다. 자신이 말하고 싶었는데 하지 못했다거나 분위기를 띄우지 못했다는 아쉬움이 남을 수는 있으나 대화에 서툰 사람은 무리할 필요가 없습니다. 사람에 따라 잘 맞는 대화가 있고 그날의 기분이나 컨디션도 영향을 미칩니다. 떠들썩한 자리에서 적극적이지 못했다고 해서 결코 잘못은 아닙니다.

③ 길고 지루한 이야기가
이어질 때

◖•• 자신이 대화를 끝내는 선택지도 있다

상대방의 이야기가 길게 느껴지거나 재미없는 이야기가 계속돼 지루할 때는 어떻게 하면 좋을까요? 만약 스스로 '잘 듣는 사람'이 되기로 한 시간이 지났다면 굳이 대화에 나서지 않아도 됩니다. 다음 일정이 있는데 대화가 길어질 상황이라면 이야기를 끝낼 수도 있습니다.

제가 자주 사용하는 방법은 상황을 자신의 탓으로 돌리며 대화를 끝내는 것입니다.

"귀한 시간을 너무 오래 빼앗아서 죄송합니다."

"바쁘실 텐데 붙잡아서 죄송합니다."

전부 거짓말은 아닙니다. 실제로 상대방의 여가시간을 여러 가지 정보를 알려주는 시간으로 채운 것은 사실입니다. 그 점에 주목한 문구를 이용해 대화를 마무리합니다.

만일 자신이 '잘 듣는 사람'이 되기로 한 시간에서 조금 더 대화를 이어가고 싶다면 이때도 상대방과의 차이점과 의문점에 주목합니다. '이 사람은 이러한 기준이 있구나'라고 객관적으로 바라보며 다양하게 반응하는 시간으로 활용해보세요.

④ 질문 내용에
   상대방이 난처해할 때

◖‥ 자신에게 당연한 일이 모두에게 당연한 것은 아니다

괜찮겠다고 생각해서 꺼낸 질문이라도 상대에 따라서는 불쾌하게 느끼거나 난처해하는 일도 있습니다. 그동안 쌓아온 편견이 자신도 모르게 말끝에 묻어나는 일도 적지 않습니다. 성별 차이, 세대 차이, 직업관 차이, 문화적 차이로 인해 상대방을 보고 '이래야 해. 이게 틀림없어'라고 생각거나, 자신보다 어린 사람을 보고 '이건 옳고 이건 틀렸어'라고 단정 짓는 행동은 무의식중에 상대방에게 불쾌감을 일으킵니다. 이것은 경험을 통해 배우며 하나씩 고쳐나가는 수밖에 없습니다.

또한 고정 관념이나 착각에서 비롯된 질문이 상대방을 난처하게 만들기도 합니다. 예전에 처음 만난 여성을 저보다 나이가 많다고 생각하고 대화하는 바람에 상대방에게 불편함을 준 적이 있습니다. 실제로는 저보다 5살 정도 어렸고 경력은 길었으나 연상을 대하는 듯한 제 말투가 도리어 실례였음을 깨달았습니다. 이 실수를 겪고 나서 상대방의 나이에 선입견을 품지 않도록 조심하게 되었습니다.

당연시하는 감각, 연상하는 방향은 각자 자라온 배경에 따라 다릅니다. 그중에서도 나이, 결혼, 교육은 가치관의 차이가 발생하기 쉬운 주제입니다. 대화 소재로 삼는 것은 나쁘지 않지만 객관적이고 가벼운 태도를 유지하며 들은 정보에 대해서는 단순히 '그런 경우도 있구나'라고 생각하는 편이 좋습니다. 특히 잘 듣는 사람에 전념하는 동안은 정보를 선악으로 판단하지 않도록 하세요. 선입견이나 고정 관념으로 이어지기 쉬우므로 주의해야 합니다.

⑤ 질문에 "그렇네요"라고만 대답할 때

◀·· 모든 사람과 적극적으로 대화할 필요는 없다

　친해지고 싶어서 말을 걸어도, 상대방이 한마디로 대답을 끝내거나 말을 걸지 않았으면 하는 모습을 보일 때가 있습니다. 모든 사람이 나를 좋아하는 일은 불가능하므로 아무래도 일정한 확률로 이러한 상황에 맞닥뜨리게 됩니다. 만약 교류회나 친목회처럼 한 번 만나고 마는 사람이라면 대화를 포기해도 괜찮습니다. 상대방이 잘 맞지 않는다고 느끼는 마당에 억지로 문을 열려고 해봤자 좋을 것이 하나도 없으니까요.

　그보다는 다른 사람과 계기를 만들어 새로운 대화를 시

작하는 편이 서로에게 의미 있습니다. 이것은 어느 한쪽의 잘못이 아니라 사람 간의 교류에서 적잖이 발생하는 사고와 같습니다.

다만 회사 동료처럼 자주 만나는 사람이라면 일부러라도 공통점 안에서 대화거리를 찾아보세요. 같은 부서라면 공통된 업무가 있고 대인관계가 겹치거나 공통된 지인도 있으므로 차이점과 의문점을 찾기가 비교적 쉽습니다. 업무와 관련해서 모르는 점이나 아는 사람과 친해지는 방법 등 자신은 모르지만 상대방은 알 만한 질문을 해보세요.

⑥ 상대방의 말을
알아듣지 못했을 때

🎮·· 그 자리에서 물어보고 바로 해결한다

대화를 나누다 상대방의 발언 자체를 알아듣지 못했다면 그냥 넘어가지 말고 솔직하게 말해야 합니다.

"죄송해요. ○○까지는 들었는데 ○○가 어떻게 됐는지 듣지 못했어요. 다시 한번 말씀해주세요."

알아들은 척 대화를 이어가다가 '아까 이야기가 뭐였을까?'라는 생각이 들면 대화에 집중하지 못하게 됩니다. 조금 부끄러울 수도 있지만 뒤늦은 잡념을 방지하기 위해서라도 상대방에게 바로 확인하는 편이 좋습니다.

내용의 의미를 이해하지 못했을 때도 마찬가지입니다.

"공부가 부족해서 죄송하지만 ○○가 뭐죠?"

이때도 당장은 부끄럽겠지만 새로운 지식과 어휘를 확실히 배울 수 있습니다. 용기를 내서 물어볼 가치가 있는 질문입니다.

반대로 상대방이 잘못 알아듣고 "그건 말이죠" 하고 엉뚱한 이야기를 한다면 그 이야기가 끝날 때까지 기다려주세요. 그게 아니라고 바로 부정할 수도 있지만 상대방의 말허리를 끊으면서까지 억지로 대화를 되돌릴 필요는 없다고 생각합니다. 앞의 이야기가 일단락된 다음에 마치 지금 처음 질문하는 것처럼 "○○에 대해서 말인데요"라고 재차 말을 꺼내는 것이 현명합니다.

상대방의 마음을 여는
대화 비법

▶ 앞서 소개한 피라미드 1층인 '자신이 기분 좋게 듣기'가 몸에 익었다면 지금부터는 2층 '상대방이 기분 좋게 말하기' 기술을 시도해봅시다. 대화를 원활하게 만들어줄 것입니다. 그러나 대화의 기본은 1층이라는 사실을 잊지 마세요.

① 대화 중간마다
경청 자세 취하기

🎙️ 자신만의 경청 자세로 이야기에 집중해본다

누구나 저절로 경청하게 되는 순간이 있습니다. 상대방에게 매력을 느끼고 진심으로 듣고 싶은 마음이 들 때입니다. 이때 여러분은 어떤 자세나 행동을 하고 있나요?

저는 의자에 앉아 있을 때면 상체가 앞으로 기웁니다. 책상에 팔꿈치를 댄 채 몸을 쑥 내밀고 이야기를 듣습니다. 버릇처럼 짓는 표정도 있는데, 평소보다 눈을 치뜨고 상대방을 가만히 바라봅니다. 재미있으면 저도 모르게 손뼉을 칩니다. 이야기가 끝나고 무심코 등받이에 기댔을 때 방금 엄청 집중해서 들었다는 사실을 깨닫습니다.

여러분들도 무심코 하는 자신만의 경청 자세가 있을 것입니다. 이것을 기억하고 대화 중간에 한 번씩 재현해보세요. 대화뿐만 아니라 일상생활에서도 틈틈이 따라 해보세요. 그럼 2가지 효과를 얻을 수 있습니다.

첫째, 경청 자세를 똑같이 따라 하다 보면 이야기에 좀 더 집중할 수 있게 됩니다. 마찬가지로 일상생활에서도 집중력을 키우는 데 도움을 줍니다. 조금 피곤하다 싶으면 경청하는 자세를 취해보세요. 저는 일을 하다가 졸릴 때면 손뼉을 치거나 몸을 앞으로 기울입니다. 그러면 마음이 편안해지고 집중력이 다시금 생깁니다.

둘째, 경청 자세를 취하면 이야기를 듣는 자신도, 이야기를 하는 상대방도 마음이 편해집니다. 고개를 끄덕이는 등 기존에 널리 알려진 대화 기술을 흉내 내는 것은 임시방편일 뿐입니다. 어색하게 고개를 끄덕이거나 정면이 아닌 대각선에 앉으려고 애쓰는 사람을 보면 노력한다는 느낌은 들지만, 오히려 그 점 때문에 서로 대화를 하는 것이 불편해질 수도 있습니다. 그런데 자신만의 독창적인 경청 자세는 자기 몸에 이미 익숙해져 있기 때문에 자연스럽고 마음이 편합니다. 상대방 역시 자연스러운 경청 자세를 보고 자신의 이야기를 제대로 듣고 있다는 안도감을 느낍니다.

여러분도 이야기에 집중할 때 보이는 자신만의 독특한 습관이나 행동이 있을 것입니다. 이야기에 집중했다고 느껴질 때, 객관적으로 자신을 바라보고 어떠한 상태인지 놓치지 말고 관찰해보세요. 그 모습을 따라 한다면 어색하고 틀에 박힌 행동이 아닌 자신만의 경청 자세를 만들 수 있을 것입니다.

② 숫자로 대답할 수 있는 질문하기

◖·· 구체적으로 질문하면 상대방도 말하기 쉽다

대화가 이유 없이 막혔다면 숫자로 대답할 수 있는 질문을 생각해보세요. 질문이 구체적이라 상대도 대답하기 쉽고 대화도 자연스럽게 다음으로 이어질 수 있습니다. '언제', '얼마나'와 같은 의문을 숫자로 바꿔보는 것도 좋은 방법입니다. 숫자와 관련된 질문은 특히 처음 만나는 사람과 대화할 때 사용하기 좋습니다.

○ 그곳에 산 지 몇 년 정도 됐나요?
○ 몇 년 동안 그 일을 했나요?

○ 몇 명이서 일하고 있나요?

○ 지금 맥주를 몇 잔째 마시고 있나요?

○ 오늘 명함을 몇 장 정도 교환했나요?

○ 여기에 몇 번 방문했나요?

○ 이곳까지 몇 분이 걸렸나요?

○ 그때는 몇 월이었나요?

○ 머리카락을 몇 센티미터쯤 잘랐나요?

○ 여기서는 몇 번 갈아타나요?

이밖에도 다양한 조합이 가능합니다. 수량이나 길이, 횟수처럼 숫자와 관련된 의문이 있으면 여차할 때 도움이 됩니다. 자신이 말하기 쉬운 내용이나 상황에 어울릴 법한 내용을 준비해두면 안심되겠죠. 다른 사람이 사용한 예시를 적어두거나 기억해두고 숫자를 늘려도 좋습니다.

③ 상대방의 과거 발언 언급하기

◖·· 과거의 발언은 적극적으로 언급하자

대화 중 상대방이 과거에 했던 말이 떠올랐다면 곧바로 상대방에게 알려주세요.

"분명 블로그에도 이렇게 썼었죠?"
"전에 이런 이야기를 하셨던 게 생각났어요."
"조금 전 말씀하신 게 이건가요?"

이는 결코 같은 말을 했다거나 썼다고 따지는 것이 아닙니다. '나는 당신이 같은 주제를 언급했던 사실을 기억한다'는 신호를 보내는 것입니다. 과거의 발언을 언급하는 행위는 오래 전부터 상대방을 기억하고 주목해왔다는 증거가 됩니다.

예전에 한 이야기를 인용하면 대화를 일회성으로 끝내지 않고 똑똑히 기억하는 사람으로 상대방에게 인식됩니다. "그랬었죠?"라며 한마디 정도로 되묻기만 해도 상대방은 이야기가 확실히 전달된다는 사실을 깨닫고 안심합니다. "나는 예전부터 당신의 ○○에 주목해왔다"라고 구구절절 늘어놓는 것보다 훨씬 자연스럽게 그 사실을 전할 수 있습니다. 이 한마디가 새로운 질문이 되기도 하고 화자에게는 대화를 쉽게 이어가게 만드는 좋은 계기가 되기도 합니다.

이야기를 듣다가 예전에 들었거나 읽은 내용이라고 생각될 때 그냥 지나치는 것은 엄청난 기회 낭비입니다. 곧바로 상대방에게 알려주세요. 틀림없이 기뻐할 것입니다.

④ 일부러 내가 못하는 것 찾기

🟡·· 못한다는 열등감보다 알게 되는 묘미를 느끼자

상대방은 여러분의 업무나 전문 분야에 생소할지 모릅니다. 바꿔 말하면 여러분도 상대방의 세계를 잘 알지 못합니다. 대화가 막히면 적극적으로 '못하는 것'과 '모르는 것'을 찾아보세요. 상대방과의 차이점과 의문점을 찾아서 대화하는 방법의 응용편입니다.

아무리 사소한 일이라도 '할 수 있다'와 '할 수 없다'는 크게 다릅니다. 할 수 있는 사람을 만나면 그 비법을 들을 기회입니다. 그렇게 생각하면 마음의 장벽도 낮아집니다.

"그건 어떻게 하는 건가요?"

"저는 잘 못하는데 어떻게 하면 잘할 수 있을까요?"

"여기가 너무 어려워요. 어떻게 해야 하죠?"

눈에 보이는 '못하는 것'과 '모르는 것'은 많습니다. 예를 들어 서류를 깔끔하게 정리하고, 업무 메일을 보내고, 전화 예절을 갖추는 것 등이 대표적입니다.

보이지 않는 범위라도 상상할 수 있습니다. 경리 일을 하는 사람이라면 숫자에 강할 것입니다. 말투가 시원시원하다면 발표를 잘할 것이고, 어학에 뛰어난 사람이라면 효과적인 공부법을 알 것입니다.

이때 '상대방을 치켜세운다', '칭찬해준다', '들어준다'고 생각하지 않도록 주의해야 합니다. 여러분은 자신에게 없는 능력에 대해 솔직하게 묻고 배울 뿐입니다.

상대방이 몇 살이고 어떤 입장에 있든 마찬가지입니다. 예컨대 저와 중학생을 비교해보면 사회 경험에 관한 지식은 확실히 제가 더 많을 테지만, 학교에 스마트폰을 가지고 다니는 문화나 친구들과 SNS로 대화하는 문화에 관해서는 중학생이 더 잘 알고 있을 것입니다. 제가 살던 때에는 그러한 문화가 없어서 그 나이대에 맞는 적절한 대응법을 모르고, 현재의 시험 방식이나 교과서, 10대의 사고방식에 대해서도 그들은 알지만 저는 모릅니다. 따라서 그들에게 듣고 배우는 수밖에 없습니다. "대단하네요"라고 거짓으로 치켜세우는 것이 아닙니다. 모르는 것을 아는 상대방은 정말로 대단하니까요.

자신에게 생소한 업무나 분야에 능숙한 사람을 만나는 것은 행운입니다. 의문점이 하나 나타났다고 생각하고 질문해보세요. 누구라도 자신은 알고 상대방은 모르는 것을 알려주는 동안은 활기가 넘칩니다. 대화가 막히면 적극적으로 '나는 못하는 것', '모르는 것'을 찾아 물어보세요.

⑤ '계기'와 '고충'에 관해 질문하기

〈‥ 진심으로 힘들겠다고 생각되면 질문한다

여러분이 지금의 직업을 갖게 된 계기는 무엇인가요? 그리고 어떠한 어려움이 있었나요? 이는 누구에게나 있고 누구나 말하고 싶어 하는 주제입니다. 직업과 같이 인생과 관련된 것뿐 아니라 좀 더 규모가 작은 대상에 대해서도 '계기'와 '고충'으로 이야기를 이어갈 수 있습니다.

예를 들어 행사 참가자가 있을 때 참가한 계기나 정보를 획득한 경로는 제각각입니다. 물어보면 전부 다양한 경위로 모인 것을 알 수 있습니다. 멀리서 온 사람은 교통수단 선택이나 시간 조정에 어려움이 있었을 것입니다. 자세한 노선을 물어보면 몰랐던 역이나 탑승 방법을 알게 될 수도 있습니다.

계기와 고충에 주목하는 방법은 주변에도 활용할 수 있습니다. 회사 동료나 선후배도 다시 돌아보세요. 같은 공간에서 일하지만 회사를 선택한 이유는 제각각입니다. 업무에 대한 감상도 다르겠죠. 분명 자신은 생각하지 못한 시각, 즉 새로운 정보가 있습니다.

예전에 어느 기업 같은 부서에 근무하는 몇 사람에게 입사 동기를 물어봤습니다. A는 광고를 보고 멋지다고 느껴서 입사했고, B는 소비자에게 직접 닿는 제품을 만들고 싶어서 입사했다고 했습니다. C는 디자인 분야에서 여성이 활약할 수 있어서 입사했고, D씨는 "1지망에 떨어져서"라고 솔직하게 대답해줬습니다.

저는 취업을 준비할 때 그 업계를 전혀 고려하지 않았기 때문에 대답을 듣고 '이런 이유로 입사했구나', '이렇게 생각할 수도 있구나'를 배우게 되었습니다. 물어본 덕분에 지금껏 없었던 새로운 지식이 생겼습니다.

고충에 관해서는 "…는 힘들지 않습니까?", "…는 고생스러우셨을 텐데"와 같은 문구를 넣어 물어볼 수 있습니다. 다만

이 문구만 붙인다고 해서 질문이 완성되는 것은 아니라는 점에 주의하세요. 듣는 사람이 그 일에 대해 진심으로 힘들겠다고 생각한 내용인지 아닌지가 중요합니다. 문구만 더해서 '만들어낸 질문'의 경우 첫 번째 질문은 가능하더라도 다음 두 번째 질문은 불가능할 것입니다. 진심 어린 흥미나 관심이 없다 보니 상대방의 대답에서 이어나갈 말을 찾지 못하기 때문입니다.

물론 정말 관심이 있어서 질문해도 익숙해지기 전까지는 대화가 이어지지 않는 경우가 있습니다. 반대로 이 문구 덕분에 대화가 이어지는 경우도 몇 번 생기겠죠. 부디 성공적으로 이어졌을 때의 '자신의 흥미 정도'를 기억해뒀다가 비슷한 정도로 어렵겠다고 느꼈을 때만 사용해보세요. 대화가 이어질 확률이 점점 높아질 것입니다.

⑥ 활용도 높은
'마법의 맞장구' 사용하기

▶·· 알게 된 놀라움은 숨김없이 전한다

업무상 인터뷰 녹음 파일을 듣다가 상대방을 기분 좋게 하는 맞장구가 있다는 사실을 깨달았습니다. 다양한 상황에서 응용이 가능한 맞장구입니다.

"아, 그래요? ○○군요."

이 맞장구를 치면 누구나 "그래 그래 그래!" 하며 이야기를 이어갑니다. 어떻게 이런 일이 가능할까요? 자세히 분석해봅시다.

먼저 "아, 그래요?"라는 말에는 '화자는 알고 듣는 사람은 모르는 내용이 제시됐다는 점'과 '듣는 사람이 몰랐다는 것을 깨달았다는 신호'가 포함돼 있습니다. 이때 화자는 자신이 무언가를 알려줬다는 생각에 기분이 조금 으쓱해집니다.

이어서 "○○군요"라는 말은 듣는 사람이 대답 내용을 음미하고 다른 말로 바꾼 부분입니다. 이때 적절히 바꿔 말하면 화자는 말하고 싶었던 내용이 정확히 전달됐다고 느낍니다. 의사소통이 확인돼 마음이 후련해집니다. 우월감과 소통감. 이 2가지 효과가 결합돼 화자는 더 많이 전달하려고 이야기를 계속하는 것입니다.

예를 들어 A가 "이 요리에는 된장이 들어갔어요"라고 알려줬을 때 "아, 그래요? 이 감칠맛은 된장에서 비롯됐군요?"라고 말하면 A는 듣는 사람이 새로운 정보를 얻었고 그 정보를 제공한 사람이 자신임을 실감합니다. 처음 그 맛의 정체를 몰랐던 듣는 사람에게는 배워서 알게 된 새로운 정보가 됩니다.

이때 고개를 끄덕이거나 동의해야 한다고 생각해서 "맞아요", "알아요"와 같은 맞장구를 치더라도 A는 딱히 즐겁지 않을 것입니다. 사실 듣는 사람에게는 새로운 정보였음에도 기술에 이끌려 아는 척하는 '고개 끄덕이기'를 선택하는 것은 매우 아깝다는 생각이 듭니다.

무엇보다 "지금 처음 알았다. 당신 덕분에 알았다"라는 사실을 상대방에게 전하는 것이 중요합니다. 그리고 이를 단적으로 표현할 수 있는 말이 "아, 그래요? ○○군요"입니다. 익숙해지기 전까지는 연습이 필요하겠지만 반복하다 보면 몰랐던 것을 알게 되는 순간에 이 말이 자연스럽게 튀어나오게 될 것입니다.

꾸며내지 않은 말과 마음이 상대방에게 전해지면 대화는 더욱 순조롭게 나아갑니다. 여유가 생겼다면 적극적으로 활용해보세요.

8장

▪ 필요한 정보를 손쉽게 얻는 듣기 대화법

▶ 앞서 소개한 자유로운 대화와 달리 업무 대화에는 반드시 목적과 준비가 필요합니다. 이 장에서는 업무적으로 상대방과 대화를 나누거나 정보를 얻어야 하는 상황에 알맞은 대화법을 알아봅시다. 어떻게 준비하면 비즈니스 대화를 잘 풀어갈 수 있는지 구체적인 예시와 함께 설명하겠습니다.

① '자유로운 대화'와 '업무 대화'의 차이 이해하기

⋯ 업무 대화에서는 듣는 사람이 대화의 핸들을 쥔다

지금까지 피라미드의 1층과 2층에 대해 설명했습니다. 이번에는 3층 '필요한 정보 얻기'를 위한 듣기 방법에 대해 살펴보겠습니다.

업무 대화에는 인터뷰와 청문, 상담, 컨설팅, 면담, 협상 등이 있습니다. 어떤 경우든 화자에게 충분한 시간을 할애받아야 하고, 듣는 사람에게는 '듣기 목적'이 존재한다는 점이 이전까지와의 큰 차이입니다.

처음 보는 사람이나 일상에서 만나는 사람과 자유롭게 대화할 때는 특정한 목적 없이 무엇을 떠들어도 상관없습

니다. 상대방의 대답에 모든 것을 맡기고 말을 더하며 즐겁게 이어나가면 충분하죠.

하지만 업무 대화는 다릅니다. 상대방의 상황에 따라 정해진 시간 내에서 필요한 정보를 얻어 돌아와야 합니다. 상대방의 대답에만 의지해 대화를 진행한다면 원하는 목표에 도달하지 못할 가능성이 큽니다. 그러므로 업무 대화는 듣는 사람이 반드시 제어해줘야 합니다.

이때도 '말하게 만들자', '본심을 끌어내자'와 같은 생각은 하지 않도록 주의해야 합니다. 저널리스트처럼 상대방이 말하고 싶어 하지 않는 것을 물어봐야 하는 입장이라면 다를 테지만, 여기서 전하고자 하는 것은 '상대방과 자신이 공통된 주제를 인식한 상태에서 이야기를 듣는 방법'입니다. 상대방에게 협력을 구하고 있다는 사실을 잊지 말고 '함께 떠올린다', '이 프로젝트를 완수하기 위해 도움을 받는다'는 마음으로 대면하는 것이 좋습니다.

② 목적에 맞는 질문 준비하기

🔊·· 목적이 뚜렷할수록 대화의 질이 높아진다

업무 대화를 진행할 때는 먼저 '듣는 목적'을 설정해야 합니다. 목적에 따라 질문의 내용이 달라지기 때문입니다. 막연하게 이야기를 듣고 싶다고만 생각한다면 상대방도 무슨 이야기를 해야 할지 난감할 것입니다.

입장 바꿔 생각해보면 '두서없는 업무 대화'가 화자를 얼마나 당황스럽게 하는지 알 수 있겠죠. 예를 들어 "당신의 회사에 대해 듣고 싶다"라는 말을 들으면 "우리 회사의 무엇을?"이라고 되묻고 싶어질 것입니다. 듣는 사람은 이 '무엇' 부분을 미리 준비해야 합니다.

업무 대화 시간은 정해져 있는데 '무엇'부터 확인하는 것은 사실 시간 낭비입니다. 또한 만나기 전까지 목적이 정해지지 않았다면 이 업무 대화는 반드시 실패로 끝나고 말 것입니다. 듣는 사람의 목적이 뚜렷하지 않으면 화자도 애매한 이야기밖에 할 수 없고, 그러면 가벼운 정보밖에 얻지 못해서 이후에 정보를 활용하기도 어려워지기 때문입니다.

어떠한 정보를 원하고 어떠한 이야기를 해줬으면 하는지에 대해, 업무 대화를 하는 쪽에서 명확하게 문서화해 미리 화자와 공유하는 것이 좋습니다.

예를 들어 프로필 작성을 위한 업무 대화라면 '이러한 인물로 보이고 싶다'라는 화자의 요청을 들어주는 목적이 있습니다. 사내에서 이뤄지는 업무 대화에도 반드시 목적이 있습니다. 사보에 싣기 위해 자사의 강점을 말해달라거나, 전시회에서 배부되는 팸플릿을 위해 제품의 매력을 말해달라거나, 채용 사이트를 위해 친근감을 보여달라는 목적이 있을 수 있습니다. 협상에서 상대방의 요구를 파악하려면 자사의 능력과 상대방의 요구가 일치하도록, 물어봐야 할 정보를 좁힐 필요가 있습니다.

목적을 정하는 것은 대화의 결실을 보기 위한 첫걸음입

니다. 그렇다면 얼마나 구체적으로 목적을 설정해야 하는지 예시를 통해 알아봅시다.

IT 소프트웨어 도입 사례를 홈페이지에 공개한다

목적 특수 주문 제작을 진행하고 있으므로 다른 고객에게도 이 사실을 알리고자 한다. 같은 고민이 있다면 해결이 가능하므로 문의를 바란다.

화학 관련 기술을 기사화한다

목적 어려운 단어를 사용하지 않고 일반인에게도 이 기술의 탁월함을 알리고자 한다. 세계 최초의 기술이 사용됐는데 그 원리를 자세히 전달하고 싶다.

채용 페이지에 선배 사원의 목소리를 싣는다

목적 동종업계와는 다른 연수 프로그램과 두꺼운 선배층을 자랑하고 싶다. 이 회사에 입사하면 더욱 성장할 수 있다는 인상을 주고 싶다. 동시에 높은 시장 점유율도 알린다.

부하와 정기 면담을 한다

목적 업무적인 걱정이나 고민, 앞으로의 목표에 대해 들어줄 뿐 아니라 행동과 혁신으로 연결 짓는다.

지역 어르신의 활약을 지면에 소개한다

목적 A가 그림으로 상을 받았으므로 작품을 제작하게 된 계기와 고충, 일상을 보내는 방법을 소개하고자 한다. 특별한 능력을 가진 사람의 이야기가 아니라 다른 어르신에게도 참고가 되는 이야기를 들려주고 싶다.

자유로운 대화에서는 목적이 필요하지 않지만 업무 대화에서는 목적을 설정하지 않으면 정보를 얻기가 매우 어렵습니다. 고객이 "도입했다고 들었는데요"라며 애매하게 말을 꺼내서 어디서부터 말해야 할지 난감한 경우나, 선배에게 "아무 이야기나 해주세요!"라며 다짜고짜 패기만으로 부탁하는 경우처럼 말입니다.

화자는 목적이 확실하지 않으면 말을 하기 어렵습니다. 목적을 뚜렷하게 준비하고 업무 대화 전에 '오늘 무엇을 들으러 이곳에 왔는지'를 공유해보세요. 목적을 정하고 나면 그에 알맞은 질문을 준비합니다.

질문을 준비하는 이유는 2가지입니다. 첫 번째는 상대방의 한정된 시간을 효율적으로 사용하기 위해서입니다. 예를 들어 사보에 신기 위해 자사의 A 과장과 업무 대화를 한다고 해봅시다. 이때 목적을 어디에 두느냐에 따라 준비하는 질문이 달라지고 그것을 의식하느냐 마느냐에 따라 얻어지는 이야기의 질이 크게 달라집니다.

A 과장이 팀 리더로서 유능해 리더십을 기르는 방법을 사내에 소개하려는 목적이라면 부하 직원과의 신뢰 관계, 소통 방법, 노동력 절감을 위한 노력 등을 질문할 수 있습니다. A 과장이 취미로 하는 운동으로 상을 받은 적이 있다면 일과 취미를 병행하는 방법을 소개하고 사원들의 사생활도 중시하려는 목적으로 그 운동을 시작한 계기, 휴일을 보내는 방법, 가족과의 관계, 일과 병행하는 요령 등이 질문 내용이 됩니다.

만약 목적을 정하지 않고 A 과장을 만나서 어떤 말이든 해달라고 부탁한다면 어떻게 될까요? 어쩌면 일과 사생활 이야기가 뒤섞여 과거의 무용담이나 키우는 강아지로까지 대화가 흘러갈지도 모릅니다.

 A 과장을 만나려는 목적을 정하고 어떤 방면의 이야기를 왜 듣고 싶은지를 문서화한 다음에 미리 전달하면 실패를 막을 수 있습니다. 팀에 관해 묻는다는 것을 알면 부서 내 자료나 변화 그래프 등을 준비해줄 수도 있고, 과장이 된 후부터 지금까지를 미리 돌아보고 정보를 정리해 설명해줄지도 모릅니다.

 화자의 말을 어떻게 끌어낼지는 듣는 사람의 준비와 사전에 전달하는 정보에 달려 있습니다. 눈에 보이는 준비가 없더라도 화자에게 '이런 이야기를 묻겠구나'라는 마음의 준비를 하게 만드는 것만으로도 충분합니다. 앞서 '함께 떠올린다', '이 프로젝트를 완수하기 위해 도움을 받는다'라고 강조했는데, 이것을 업무 대화에서 실현하려면 먼저 듣는 사람이 움직여야 합니다.

 질문을 준비하는 두 번째 이유는 듣는 사람의 탈선을 막기 위해서입니다. 순발력과 관찰력이 있는 사람이라면 업무 대화 당일 적절한 질문을 얼마든지 할 수 있습니다. 하지만 그렇지 않은 사람은 준비를 하지 않으면 목적에서 벗어나는 질문을 계속할 우려가 있습니다.

A 과장의 리더십에 대해 묻겠다는 목적은 정했더라도 구체적인 질문을 전혀 준비하지 않으면 그날의 대화에 휩쓸리기 쉽습니다. 어느 정도 방향과 일치하는 업무 대화가 이뤄졌더라도 분명 돌아와서 '그 이야기를 물어봤어야 했는데!', '이 이야기도 들을 수 있었는데!'라고 후회하게 됩니다. 모처럼의 기회를 최대한 효율적으로 활용하지 못하는 것입니다.

준비한 질문을 시간 내에 전부 물어볼 수는 없습니다. 반드시 전부 물어봐야 하는 것도 아니며 질문 자체는 상대방에게 미리 보여주지 않아도 됩니다. 다만 업무 대화 당일 효율적으로 듣고, 듣는 사람의 가이드로 삼는다는 이 2가지 목표를 이루려면 듣는 사람이 사전에 질문을 생각하고 준비하는 과정이 반드시 필요합니다.

③ 공통점
활용하기

◖·· 업무 대화에서는 공통 영역에 초점을 맞춘다

　업무 대화에서 사용하는 질문은 어떻게 만들면 좋을까요? 앞에서 다룬 자유로운 대화와 크게 다른 점은 업무 대화에서는 '공통점'을 활용한다는 점입니다.

　43페이지 그림에서 'A의 인생 경험'과 'B의 인생 경험'으로 원을 만들고 겹쳐지는 회색 영역을 '공통점'이라고 했습니다. 이번에는 '화자가 가진 정보와 경험'과 '듣는 사람이 알고 싶은 정보'가 겹쳐진 회색 영역에 주목합니다. 이 회색 영역 안에 들어 있는 내용으로 업무 대화 질문을 준비해보세요.

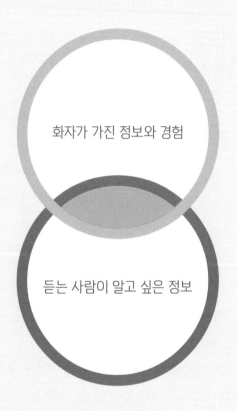

화자가 가진 정보와 경험

듣는 사람이 알고 싶은 정보

 업무 대화의 공통 영역

제한된 시간 내에 필요한 정보를 얻기 위해서는 '화자가 가진 정보'와
'듣는 사람이 알고 싶은 정보'에 공통되는 질문을 준비한다.

앞에서 설명한 '목적'은 '듣는 사람이 알고 싶은 정보의 원'과 동일합니다. 제한된 시간 내에 필요한 정보를 얻으려면 이 원에서 벗어나지 않아야 합니다. 질문도 이 안에서 생각해야 합니다.

그렇다고 해서 화자가 명백히 모를 것으로 여겨지는 영역에서 질문을 만든다면 대답하지 못할 가능성이 높겠죠. 이러한 사고를 막으려면 다른 한쪽에 '화자가 가진 정보와 경험의 원'을 설정하고 겹치는 영역을 상상해야 합니다.

질문이 전혀 준비되지 않은 상태에서 업무 대화를 진행하면 회색 영역 바깥의 질문을 할 확률이 높아집니다. 그러면 대화가 목적에서 벗어나 시간을 낭비할 뿐 아니라 애써 들은 대답도 활용하지 못하게 됩니다. 따라서 업무 대화에서는 공통점을 고려해 질문을 준비해야 합니다.

④ 질문으로
  대화거리 찾기

질문을 만들기 어려울 때는 4가지 각도에서 생각한다

지금부터 질문을 만드는 과정을 하나씩 자세하게 살펴보 겠습니다. 질문의 범위를 생각할 때는 202페이지 그림의 회색 영역을 고려해야 합니다. 회색 영역 내에서 찾은 내용을 질문이나 말로 바꿀 때도 차이점과 의문점에 주목합니다. 자유 로운 대화에서 질문을 생각할 때도 마찬가지입니다.

저는 업무 대화를 진행할 때 상대방에 대해 사전에 알 수 있는 SNS나 블로그, 웹사이트, 기업 홈페이지 등을 참 고합니다. 어떠한 사람이고 어떠한 경력이 있으며 최근에는 무슨 일을 했는지 등의 기본 정보를 얻는 한편, 관련 업계에서 화제로 떠오르는 이야기와 자주 하는 질문도 확인합니다.

조사를 하다 보면 반드시 차이점과 의문점이 생깁니다.

'어떻게 이 일에서 지금의 일에 이르게 되었을까?'

'이 일에서 재미있는 부분은 어디일까?'

'이 일을 하는 사람은 이러한 고충과 어려움이 있을 듯하다.'

'이 나이에 결단을 내린 계기는 무엇일까?'

경력을 보고 떠오른 궁금증이 바로 질문거리가 됩니다. 그러니 사소한 의문이라도 적어두세요. 종이에 항목별로 질문 목록을 정리하면 더욱 좋습니다. 사이트에서 사진을 보고 '컬러풀하네', '옆에 있는 이건 뭐지?'와 같은 소소한 감상도 좋습니다. 무엇이든 질문이 될 수 있습니다.

자료를 읽으면서 전후 사정을 상상할 수 있다면 그것도 잊지 말고 적어둡니다. '이전 직장에서 이런 어려움이 있어서 이직을 생각한 걸까?', '이 사건이 계기일까?'와 같은 추측도 괜찮습니다. 당일 본인에게 확인하면 됩니다.

기업 간 협상이나 회의에서 이야기를 들을 때도 정보를 모아서 준비하는 과정은 필수입니다. 상대 기업의 요구를 자세히 들으려고 한다면 각각의 두 원은 '자사에서 제공할 수 있는 서비스와 제품'과 '상대방이 필요로 하는 서비스와 제품'이 됩니다. 두 원이 겹쳐지는 회색 영역에 대해 상상하고 질문을 찾아 물어봅니다. 자사가 개발했지만 상대방에게는 불필요한 것, 상대방은 원하지만 자사에서는 제공할 수 없는 것, 이른바 '흰색 영역'에 대한 상상과 질문은 시간 낭비로 이어지므로 피합니다.

조사할 곳은 기업 홈페이지의 재무 상태표와 기업 설명회, 기업 정보지, 업계 경제 뉴스, 공개된 중·장기 계획 등이 대표적입니다. 어쩌면 SNS나 블로그 등 개인적으로 작성한 글에 질문의 힌트가 있을지도 모릅니다. 회사 내에 과거의 협상 기록이 있으면 어떠한 질문에 반응이 있었는지 단서를 얻을 수 있습니다. 자료를 보면서 끊임없이 '제공할 수 있는 것'과 겹칠 만한 부분을 찾습니다. 대화를 잘하려는 준비보다 협상에 도움이 되는 정보가 무엇인지를 생각해야 현장에서 유익한 대화가 가능합니다.

'이 부분 때문에 곤란을 겪고 있지는 않을까?'

'해외로 진출할 계획이 있다면 이 부분이 도움이 되지 않을까?'

'우리 회사의 기술을 활용할 수 있지 않을까?'

'우리 제품은 아니지만 그 서비스를 소개하면 좋지 않을까?'

이처럼 자료를 보면 다양한 상상이 가능합니다. 상대방의 장점을 살릴 만한 포인트를 질문으로 만들어 질문 목록에 추가합니다. 상사나 동행자와 상의해 꼭 물어볼 질문과 비교적 중요하지 않은 질문을 공유한다면 당일 업무 대화는 원활해집니다.

의문점은 직접 물어보는 것이 가장 좋습니다. 예상이 맞아떨어지면 상대방이 이어서 이야기해주고, 틀리면 그 자리에서 정정해줍니다. 틀리든 맞든 물어봐야 정확한 정보를 얻을 수 있습니다. 잘못된 정보를 물어봤다며 부끄러워하는 사람도 있는데 어차피 틀린다면 본인 앞에서 틀리는 것이 가장 좋습니다. 그 자리에서 옳은 답을 바로 알 수 있기 때문입니다. "찾아봤는데 틀렸다"라고 솔직하게 말하면 됩니다.

제 경험상 "아니, 그게 아니라" 하며 꺼낸 이야기가 본심에 더 가까웠습니다. 정확히 전달해야 한다고 생각해서 적극적으로 답해주기 때문입니다. 가설에서 시작되는 이야기도 있습니다. 일단은 묻는 것을 두려워하지 말고 미리 많은 질문을 준비해두는 것이 중요합니다.

이렇게 해서 완성한 질문들은 꼭 인쇄해서 지참하고, 대화가 막히면 질문지를 적어둔 종이를 꺼내서 보도록 하세요. 회색 영역을 고려해 미리 질문을 준비해두면 대화가 목적에서 벗어나는 사고를 막을 수 있습니다.

같은 업무 대화더라도 A가 만드는 질문과 B가 만드는 질문에는 차이가 있을 수밖에 없습니다. 듣고 싶은 이야기가 서로 다르고, 각자의 경험과 사고방식, 시각, 발상 역시모두 다르기 때문입니다. 기업 간 협의에서는 동행자의 시각이나 견해도 큰 참고가 됩니다. 업무 대화 당일 강력한 아군으로 삼기 위해서라도 미리 상의해서 준비해두는 편이좋습니다.

잘못된 질문은 없습니다. 질문의 차이는 듣는 사람의 개성과 특색 있는 결과물로 이어지므로 오히려 다를수록 좋습니다. 목적만 확실하다면 '이런 질문을 해도 될까?' 하며 불안해할 필요도 없습니다. 두려워하지 말고 차이점과 의문점을 생각하며 자신만의 질문을 만들어보세요.

⑤ 업무 대화에 필요한 질문 만들기

◖◗·· 질문 리스트를 만들어본다

지금까지 업무 대화에 필요한 질문을 만드는 방법에 대해 살펴봤습니다. 만약 회색 영역의 질문을 연상하기 어렵다면 다음과 같이 가이드를 세우고 다시 생각해보세요. 모든 예시는 가상 인물인 A 과장의 운동 이야기로 기준을 잡겠습니다.

시간순으로 생각한다

목적하는 주제에 대해서 시간적인 전후를 생각합니다.

▶ 운동을 시작하기 전 → 시작했을 때 → 익숙해졌을 때 → 높

은 목표를 세웠을 때 → 결과를 냈을 때 → 결과를 낸 후를 생각합니다. 이 과정에서 각각의 계기와 연습법, 가족과의 관계 등 여러 차이점과 의문점이 발생하는데 이것들은 전부 질문 후보가 됩니다.

방법이나 기술을 생각한다

목적하는 주제에 대해서 시간적인 전후를 생각합니다.

▶ 실천 방법과 요령에 주목합니다. 어떻게 하면 숙달되는지, 무엇을 연습했는지, 연습하는 시간과 장소는 어떻게 마련했는지, 나이에 맞는 요령이 있는지 등 이러한 차이점과 의문점을 질문 후보로 삼습니다.

화자의 기분을 생각한다

목적하는 주제에 대해서 당시 화자가 어떤 기분이었는지는 본인에게 물어봐야만 알 수 있습니다.

▶ 시작한 동기가 무엇이었는지, 누군가 반대하거나 잘 풀리지 않았을 때의 기분은 어땠는지, 계속할 수 있겠다고 생각한 것은 언제, 무엇이 계기였는지 등 시간순이나 방법과 연관 지어 질문을 만들어봅니다.

배경이나 전체상을 묻는다

목적하는 주제에 대해서 일반적으로 알려지지 않은 과정과 배경, 최근 동향 등을 생각해봅니다.

▶ 프로와 아마추어의 차이는 무엇인지, 몇 명이 활동하고 어떤 사람이 있는지, 과거와 비교해 최근 달라진 점은 무엇인지, 연간 비용은 얼마나 드는지, 도구는 어디에서 마련할 수 있는지 등이 차이점과 의문점이 됩니다.

미리 목적을 알고 화자가 가진 정보의 범위를 예상할 수 있다면 여러 방향에서 회색 영역을 검증하고 다양한 차이점과 의문점을 찾을 수 있습니다. 업무 대화 당일 전부 물어보지 못하더라도 일단 생각해두면 대화가 끊겼을 때 '그러고 보니 이런 방향에서 물어볼 수 있지 않을까?' 하고 떠올릴 수 있습니다. 즉, 질문을 쌓아둘수록 업무 대화 당일에 큰 도움이 될 것입니다.

실제로 업무 대화 시 어떤 질문을 준비하면 좋을까요? 아래는 미리 SNS나 웹사이트의 정보를 보고 듣는 사람이 자신만의 차이점과 의문점을 떠올린 뒤 '보이는 부분'과 '보이지 않는 부분'을 상상해 만든 질문 예시입니다. 물론 목적에서 벗어나지 않고 상대방이 가지고 있는 정보라고 생각되는 회색 영역의 범위에서 만들어봤습니다.

IT 소프트웨어 도입 사례

- 언제 도입했는가?

- 도입 전에는 어떤 문제가 있었는가?

- 도입 시 주의한 점은 무엇인가?

- 동종업계 다른 제품과 비교해 어떤 점이 뛰어난가?

- 사용감은 어떠한가?

- 도입 시 문제가 발생했는가?

- 동종업계와 비교해 직원의 대응은 어떠했는가?

- 도입까지 얼마의 시간이 걸렸는가?

- 시간이나 비용에서 격감한 것은 무엇인가?

- 사내에서의 평가는 어떠한가?

화학 관련 기술 모음

- 이 기술이 획기적인 이유는 무엇인가?
- 지금까지 왜 불가능했는가?
- 언제 발견했는가?
- 꾸준히 연구해왔는가?
- 혁신으로 이어지는 계기가 있었는가?
- 다른 기술에서는 이러한 문제가 있는데 이 기술은 괜찮은가?
- 자료에서 이것을 강조하는 이유는 무엇인가?
- 연구에 대한 주변의 평가는 어떠한가? 혹시 비판이 있었는가?

선배 사원의 목소리

- 언제 입사했는가?
- 신규인가, 경력인가?
- 왜 이 회사를 선택했는가?
- 이전에는 무슨 일을 했는가?

- 이 회사에 들어와 좋았던 점은 무엇인가?

- 타사와 비교해 나은 점은 무엇인가?

- 이 회사에서 발전시킨 기술이 있는가?

- 가장 놀랐던 일은 무엇인가?

- 사내 분위기는 밝은가? 근무 시간 외에도 직원들끼리
  사이가 좋은가?

- 다른 사람에게 회사를 소개한다면 무엇부터 어떻게
  설명할 것인가?

시니어의 그림 제작

- 언제 그림을 시작했는가?

- 젊었을 때와 비교해 무엇이 바뀌었는가?

- 그림을 그릴 때 어떤 점이 힘든가?

- 같은 그림 수업을 듣는 멤버와 어떤 에피소드가 있었는
  가?

- 그림 그리는 시간은 어떻게 마련하는가?

- 가족의 반응은 어떤가?

부하 직원과의 면담

- 현재 업무상 가장 많은 비중을 차지하고 있는 일은 무엇인가?

- 본인의 앞뒤 공정에서 바뀌었으면 하는 점이 있다면 무엇인가?

- 가장 집중하고 있는 작업은 무엇인가?

- 스스로 성장시키고 싶은 능력은 무엇인가?

- 장차 현장직을 희망하는가, 관리직을 희망하는가?

저는 사실 이보다 훨씬 많은 질문을 생각하고 대비합니다. 준비 단계에서 회색 영역을 많이 생각해두면 업무 대화를 주도할 수 있기 때문입니다.

⑥ 끌어낸다기보다 '함께 떠올린다'는 자세로 임하기

◖‥ 구체적인 질문은 기억을 떠올리게 하는 트리거다

업무 대화라고 하면 흔히 '얼마나 효율적으로 정보를 끌어낼 수 있느냐'를 중요하게 생각합니다. 하지만 제 생각은 다릅니다. 업무 대화에서는 상대방도 의식하지 못한 부분까지 파고들어야 하기 때문입니다.

화자가 구체적인 사례를 떠올리기까지는 반드시 시간이 걸립니다. 대화 기술이나 노하우를 이용해서 단시간에 정보를 끌어내는 것은 애초에 무리가 있습니다. 미리 질문을 생각하고 제한된 시간 내에 효율적으로 물어보는 행위는 듣는 사람이 할 수 있는 유일한 준비입니다. 하지만 화자에게서 효율적으로 정보를 얻어낼 수 있느냐 마느냐는 별개의 이야기로 당일에 맡기는 수밖에 없습니다.

목적과 질문을 미리 명확하게 해두는 이유는 효율성보다는 제한된 시간을 듣는 사람 쪽에서 낭비하는 상황을 피하고, 화자가 현장에서 최대한 시간을 사용하도록 하기 위해서입니다. 이 제한된 시간 동안 '끌어낸다', '말하게 한다'와 같은 강요는 곤란합니다. 오히려 업무 대화 현장을 '함께 떠올린다'는 느낌이 들도록 만들어야 합니다.

어떤 화자라도 듣는 사람의 형편에 맞춰 순서대로 정확하고 빠짐없이 이야기할 수 있는 사람은 없습니다. 그것이 가능하다면 듣는 사람 없이 본인이 순서대로 적어주면 됩니다. 듣는 사람이 필요한 이유는 화자가 기억을 순간적으로 떠올리지 못하기 때문입니다. 업무 대화에서 질문은 상대방의 기억을 떠올리게 만드는 트리거(방아쇠)이며, 제가 질문을 미리 생각해두는 이유도 업무 대화에서 훌륭한 트리거로 사용하기 위해서입니다. 질문이 구체적일수록 상대방의 기억을 자극해 필요한 정보를 떠올리기 쉬워집니다.

앞의 예시에서도 듣는 사람의 '목적'에 맞는 대답을 떠올리게 하고자 사전 조사에서 목표를 설정하고 현장에서 질문을 사용했습니다. 예를 들어 IT 소프트웨어의 도입 전 문제를 자세히 들으려는 목적이 있다면, 급성장한 사실을 확인하고 "인원이 늘어나서 처리 양도 방대해진 거 아닐까요?"라고 묻거나, 이전 정보를 토대로 "지사 이전 시점이라서 시스템 변경이 요구된 건가요?"라고 묻습니다.

만약 사전 조사에서 급성장한 사실이나 이전 정보를 알지 못한 채 갑자기 "도입 전에 어떤 문제가 있었나요?"라고 묻는다면 상대방은 어떤 이야기를 해야 할지, 듣는 사람이 무엇을 원하는지 판단하기 어렵습니다. 급성장이나 이전 사실을 떠올리지 못하고 구체적인 사례 없이 대화가 끝날 수도 있습니다.

이처럼 "앞으로 어떻게 하실 생각입니까?"라는 질문보다는 블로그나 SNS를 참고해 "지금 업무는 장차 ○○로 전개되나요?", "이러한 모임에서 배울 점이 많나요?"와 같은 구체적인 질문을 던져야 상대방이 대답하기 훨씬 쉬워집니다.

⑦ 상대방에게 거절당했을 때 그에 대한 이유 찾기

◖‥ 거절당한 이유를 아는 데 의미가 있다

"영업을 할 때 상대방이 거부하는 탓에 제대로 대화가 안 되는데 어떻게 대화로 연결하면 되나요?"

듣기 세미나에서 만난 영업직에 있는 사람이 애써 팸플 릿이나 설명을 준비해도 상대방이 필요 없다며 대화에 응 해주지 않아 고민이라며 물었습니다. 저도 영업을 해본 적 이 있어 그의 고민이 남 일처럼 느껴지지 않았습니다. 지금 이라면 저도 이러한 방식으로 다가설 것 같습니다.

먼저 '거부당했다'는 생각은 자기중심적인 생각임을 깨 달아야 합니다. 영업 사원으로서 팔고 싶은 물건이 있다면

'고객에게 당장 필요한가 아닌가'가 더 중요합니다. 즉, '내가 팔고 싶은가 아닌가'는 그다지 관계가 없다는 얘기입니다. 지금 필요하지 않다고 생각하면 고객이 거절하는 것은 당연한 일입니다. 그럼에도 영업 멘트를 이어간다면 '끈질기다', '더는 만나고 싶지 않다'라고 생각할 게 뻔합니다.

이때 내 의견을 거절하는 상대방의 이야기를 부정하지 않는 태도를 취해보세요. 고객은 지금 당장 필요하지 않다고 판단했습니다. 그럼 어쩔 수 없습니다. 받아들여야 합니다. 다만 여기서 한 가지 의문점을 가져야 합니다.

'왜 지금 필요하지 않을까?'

저는 영업직에 있는 그 사람에게 "판매에서 한 걸음 물러나 상대방의 대답에만 집중해보라"고 조언했습니다. "필요 없다"는 말에 충격을 받기보다는 "상대방의 대답에서 이유를 연상하고, 왜 지금 필요하지 않는지를 물어보라"고 말입니다.

필요하지 않는 데엔 여러 가지 이유가 있을 것입니다. 예산이 없을 수도 있고, 이미 비슷한 제품을 구매한 후일 수도 있습니다. 관심은 있지만 아직은 시기가 아니라고 생각했을 수도 있고요. 그러나 이것은 자신의 상상일 뿐이며, 당사자에게 묻는 것이 가장 정확합니다.

얼마 후 기쁜 소식을 들었습니다. 거절했던 고객과 이야기가 잘 진행돼 자사 상품 팸플릿 내용까지 설명하게 되었다는 이야기였습니다. 제품을 구매할지 말지는 아직 모르는 일이지만, 구매 여부와 상관없이 일단 고객과 대화를 주고받았다는 사실만으로 큰 진전이었습니다.

영업에서뿐 아니라 일상에서 상대에게 거부당했다고 느껴질 때도 마찬가지입니다. 상대방을 원망하거나 화를 내는 것은 의미가 없습니다. 상대방이 필요 없다고 생각한 사실은 바뀌지 않기 때문입니다. 이럴 때는 감정에 사로잡히기보다는 거부한 이유에 초점을 맞추고 순수하게 차이점과 의문점을 찾아 물어보세요. 생각지도 못한 이유를 듣게 될지도 모릅니다.

⑧ 4가지 매너로 기분 좋게 업무 대화 마치기

🌑·· 작업량과 소요 시간을 정확히 파악하고 공유하자

미팅 당일 서로가 기분 좋게 비즈니스를 마치기 위해서는 반드시 지켜야 할 매너가 있습니다. 인터뷰 전문가 중에도 이 사실을 의식하지 못하는 사람이 많습니다. 업무 대화할 때는 다음 4가지 항목을 실천해보세요. 본론도 쉽게 꺼낼 수 있을뿐더러 상대방에게 좋은 인상을 남길 수도 있습니다.

① 먼저 시간을 내준 것에 고마움을 전한다.
② 오늘 왜 방문했고, 무엇을 듣고 싶은지 목적을 전달한다.

③ 이번 업무 대화의 소요 시간을 알린다.

④ 마지막으로 귀중한 정보를 알려준 것에 고마움
을 표한다.

4가지 항목 중 ①과 ④가 빠지면 매우 실례입니다. 상대
방은 본래의 업무를 미루고 일부러 귀한 시간을 내준 것이
기 때문에, 그 시간을 할애해준 것에 대한 고마움을 반드
시 표해야만 합니다.

또 ②와 ③은 잊어버리기 쉽습니다. 듣는 사람 자신은 목
적을 이미 파악하고 있고, 시간이 얼마나 걸릴지도 어느 정
도 예상할 수 있습니다. 하지만 모든 참석자가 그러한 정
보를 가지고 있지는 않습니다. 미리 메일 등으로 전달했더
라도 업무 대화를 시작할 때 관계자가 모두 모인 자리에서
재차 구두로 설명하는 편이 훨씬 친절합니다. 무엇보다 예
상 종료 시간을 미리 공유하면 사람들이 다음 업무를 계획
하기도 쉽습니다.

이러한 사전 설명을 해본 적이 없다거나, 예상이 가지 않
아 전달하기 어려울 것 같다면 이후 업무에서 작업량과 시
간에 대한 기준을 만들고, 가급적 작업 전에 상대방에게 전달해

일잘러의 말센스

보는 연습을 해보세요. 목적과 예상 소요 시간을 모른다는 것은 자신의 업무량과 능력도 파악하지 않은 채 건성으로 왔다고 고백하는 것과 같습니다. 앞으로도 그다지 신뢰받는 듣는 사람이 되기 어려울 수 있습니다.

기분 좋게 미팅을 마치기 위해서는 시간 제어가 특히 중요합니다. 이야기가 끝났는지 아닌지 아무도 모르는 지루한 상태가 계속되면 참석자의 시간이 낭비됩니다. 듣는 사람은 이때 마무리를 짓는 역할입니다.

저는 미리 예상 시간을 전달할 뿐 아니라 '업무 대화가 끝났다. 목적에 맞는 자료를 얻었다'라고 생각되는 시점에서 "이로써 필요한 자료는 충분히 얻었습니다. 말씀 감사했습니다"라고 바로 마무리를 짓습니다. 그러면 자리를 정리하기가 쉬워지니까요. 끝을 알 수 없는 미팅만큼 초조한 것도 없습니다. 인터뷰나 회의, 사진 촬영을 할 때도 듣는 사람이 나서서 끝을 선언한다면 기분 좋게 대화를 마칠 수 있습니다.

무리하지 않고
대화하는 것이 무엇보다 중요하다

태도를 거짓으로 꾸며낸 대화는 죄가 무겁다는 생각이 듭니다. 실제로는 그렇지 않으면서 "지금 매우 즐겁다", "당신의 의견을 지지한다", "재미있다"고 행동하고 말하는 대화가 그러합니다. 이처럼 태도를 꾸며내는 데 익숙한 사람은 자신도 모르게 상대방을 상처 입히기도 합니다.

말을 있는 그대로 받아들이는 편인 데다 말이 아닌 뉘앙스나 분위기까지 읽어내는 데 서툴렀던 저는 이 때문에 실패를 여러 번 겪었습니다. 친밀한 태도에 친해졌다고 생각해서 마음을 열었지만 용건이 끝나자마자 상대방의 태도가 확 바뀐다면 어떨까요? 대화에 익숙한 사람에게는 자연스러운 흐름일지 몰라도 대화에 서툴거나 분위기를 읽는데 익숙하지 않은 사람은 당황하고 맙니다. 바로 제가 그랬습니다. 동시에 저는 다른 사람에게는 이와 같은 태도를 보이고 싶지 않다고 생각했습니다.

인간관계를 유지하고자 무리를 하고, 자신의 본심과는 다른 태도를 보인 탓에 나중에 관계가 파탄 나 서로를 싫어하게 되는 결과는 가급적 피하고 싶었습니다. 그때 체득한 것이 바로 이 책에서 소개한 3층 피라미드 듣기 대화법입니다.

○ 대화에서는 절대 무리하지 않는다.
○ 눈앞에 있는 상대방의 말을 믿는다.
○ 상대방의 말에서 다음 질문을 만들어낸다.

단순하지만 저에게는 가장 잘 맞는 방법이었습니다. 이책을 집어 든 여러분에게도 부디 많은 도움이 된다면 좋겠습니다.

말 한마디로 상대를 내 편으로 만드는

일잘러의 말센스

초판 1쇄 발행 2021년 9월 3일

지은이 오카무라 나오코 | **옮긴이** 김남미

펴낸이 민혜영
펴낸곳 (주)카시오페아 출판사
주소 서울시 마포구 월드컵로14길 56, 2층
전화 02-303-5580 | **팩스** 02-2179-8768
홈페이지 www.cassiopeiabook.com | **전자우편** editor@cassiopeiabook.com
출판등록 2012년 12월 27일 제2014-000277호
책임편집 진다영 | **책임디자인** 최예슬
편집 최유진, 위유나, 진다영, 공하연 | **디자인** 고광표, 최예슬
마케팅 허경아, 홍수연, 김철, 변승주

ISBN 979-11-90776-85-1 03190